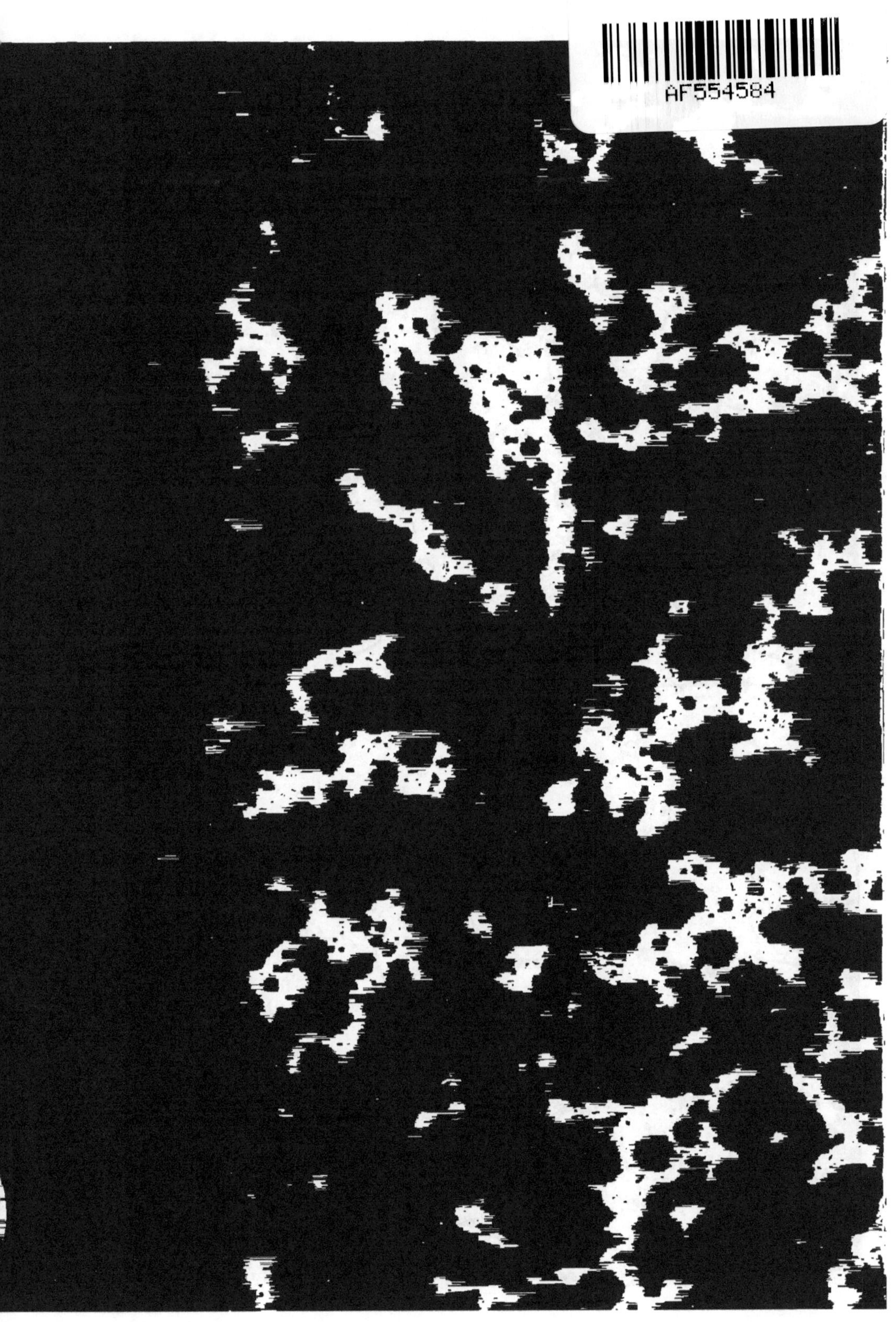

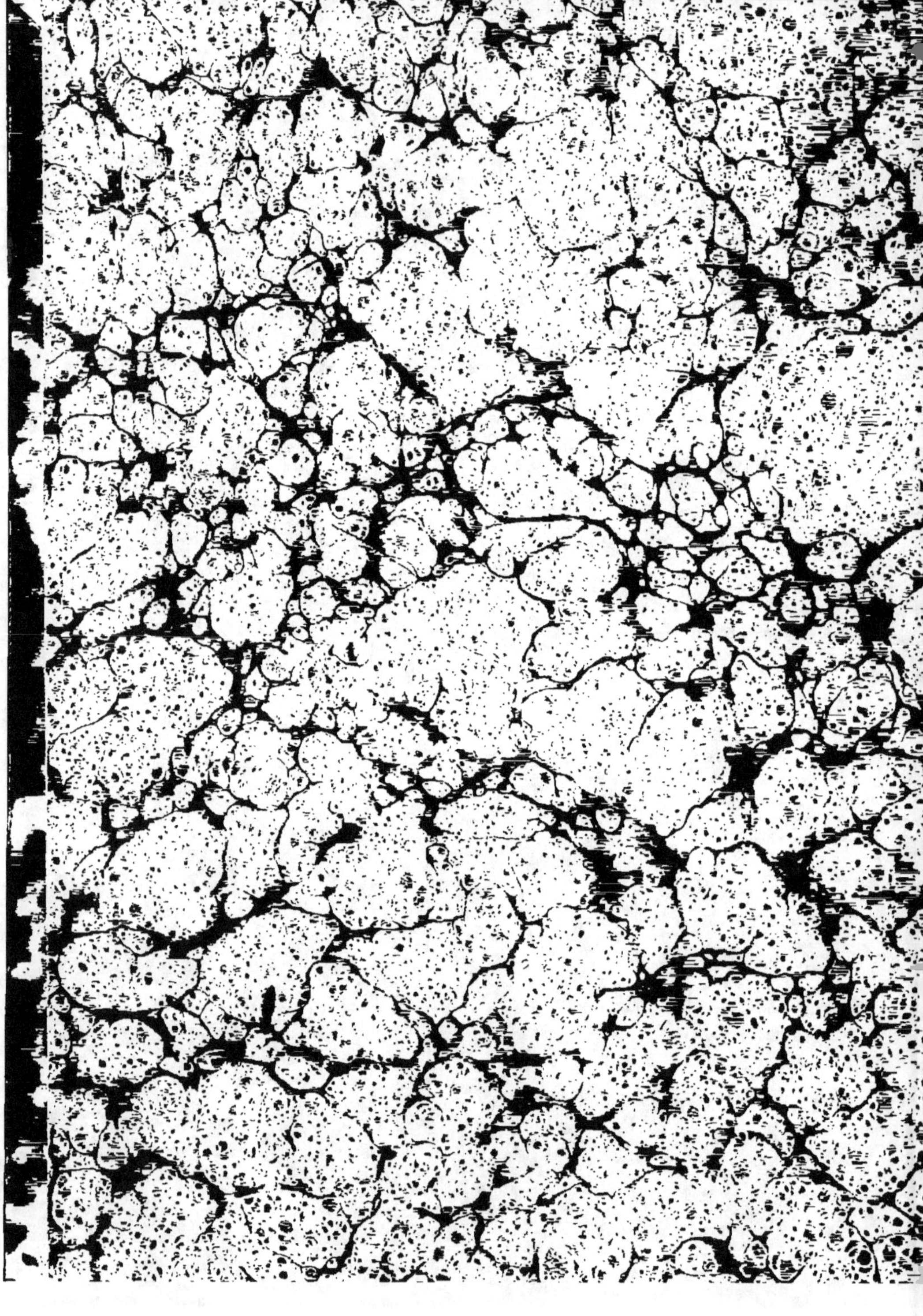

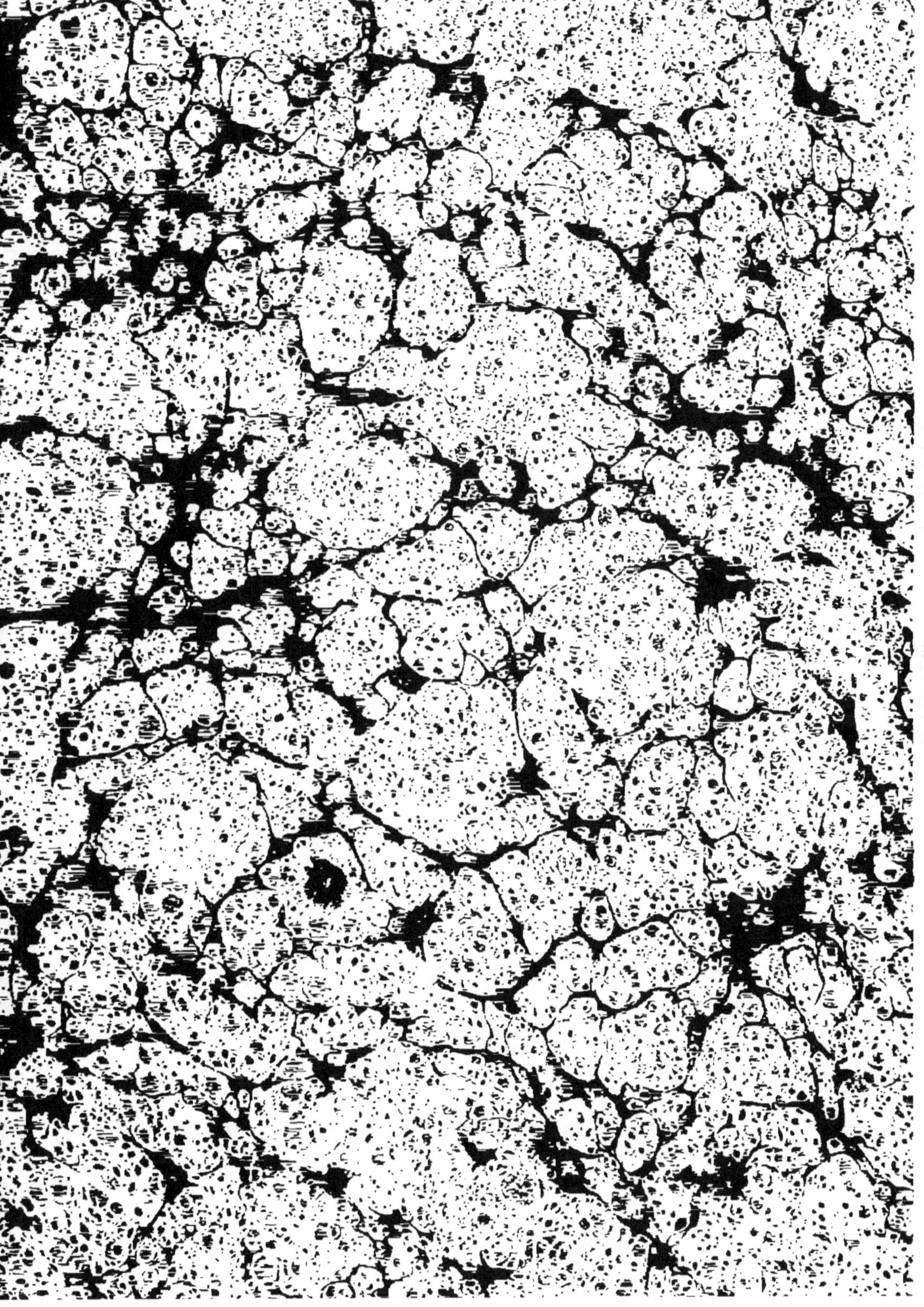

LE CICERONE FRANÇAIS A Palma de Majorque.

PAR

M. Jaume Cabanellas.

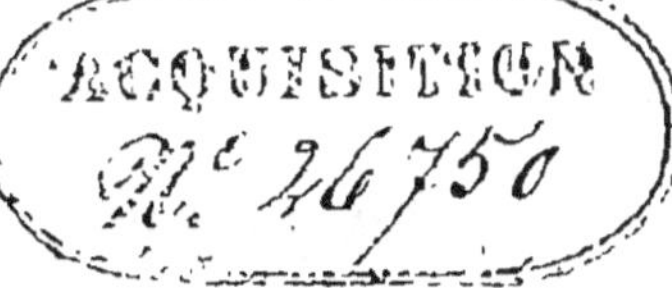

PALMA.

Imprimerie de P. J. Umbert.

1845.

. . . .

Tu régnes sur la mer heureuse et sans rivale!
Et de bien loin, aux yeux
Du pilote égaré surgit ta Cathédrale,
Comme un phare des cieux.

Que j'aime tes palais aux longues colonnades!
Et contempler long-temps
Ces vastes monumens aux légères arcades,
Qui fatiguent le temps!

. . . .

Que j'aime ton ciel pur, ton soleil qui scintille,
Et tes parfums le soir;
Et puis de tes beautés la grace si gentille,
Qu'on les veut toujours voir!

. . . .

L'EXOTIQUE.

PRÉFACE.

Ce n'est pas une œuvre de génie, ni moins encore une de ces productions remarquables qui rendent à jamais immortel, et le nom du pays qui les vit naître et celui de son auteur que je viens offrir humblement au public. Mon petit livre à moi n'a rien que de fort naturel. Là, pas une idée sur laquelle on puisse asseoir un principe, pas une pensée sur laquelle on puisse tranquillement se reposer. C'est tout simplement une succession de pages où sont renfermées sans ordre et sans harmonie, comme dans un livre d'enfant des images plus ou moins bien exécutées accolées les unes derrière les autres, le nom et l'historique des objets qui fixèrent le plus mon attention et que je recueillis pour conserver. Sans doute, cette publication ne laissera pas de paraître étrange à quelques uns. En premier lieu parce qu'il est en leur pouvoir des Histoires et tout récemment encore un élégant Panorama *qui disent longuement ce que j'ai essayé de dire en peu de mots, et ensuite parce qu'elle est traitée dans un langage qui, quoique familier à tous, est peu usuel à chacun. Quand je conçus le projet de mettre à jour ces feuilles détachées, je n'avais en vue que la curiosité des étrangers et non celle de mes compatriotes. Ceux-ci, me disais-je, savent trop bien leur capitale de mémoire, sans que j'aille par un pauvre écrit la leur apprendre; tandis que ceux-là, me sauront, peut-être, toujours gré du travail que j'ai formé pour aider à leur intelligence. En effet: notre pays n'est pas plongé dans un tel esprit de négoce qu'il faille absorber toute idée étrangère à lui. Le commerce qu'il entretient est à la fois sage et raisonnable. Sa position est avantageuse, quant à la fertilité de son sol et à la richesse de ses produits, mais non pas relativement à un itinéraire. Il faut donc venir à Majorque exprès, par hasard. Eh bien, l'artiste nouvellement arrivé, désireux de connaître notre ville et ses monumens, ne sera-t-il pas bien aise de rencontrer un guide qui puisse l'orienter? Le voyageur qui n'attendra plus qu'un vent favorable pour poursuivre son chemin, n'apprendra-t-il pas avec plaisir qu'il existe des cu-*

riosités qui lui feront oublier un temps qu'il eut trouvé insupportable? Il n'est pas de petit endroit, en France, qui n'ait son Guide, *pas de pays, en Espagne, qui n'ait son* Lazarillo, *pas de villa en Italie, qui n'ait son* Ciceroni, *alors pourquoi, nous, n'aurions-nous pas le notre aussi? Ce n'est pas la première fois que Palma aurait vu paraître une semblable production. Je voudrais avoir, certainement, rempli toutes les conditions qu'exigent ces sortes d'ouvrages! L'indifférence ou le bon accueil du public en décideront. Je me soumets humblement d'avance à son arrêt, quel qu'il soit.*

Je le répète, le langage dans lequel ce Cicerone *a été traité ne doit pas offusquer mes compatriotes, au contraire, car s'il est vrai que la langue française est aujourd'hui universelle, il n'était pas alors de moyen plus direct de populariser les somptueux monumens du pays qui nous vit naitre qu'en employant cet idiome. Cette dernière idée, j'en conviens, va généralement paraitre quelque peu orgueilleuse, mais mon excuse est dans cette énergique et sublime exclamation du poète:*

«*A tous les cœurs bien nés que la patrie est chère!*»

Mais en voilà déjà assez sur ce sujet. Maintenant il ne me reste plus qu'à faire des vœux pour que ce petit travail devienne indispensable au voyageur, et soit par lui accueilli avec toute l'indulgence possible. Amen.

AVANT-PROPOS

Majorque, la plus grande des iles Baléares, a acquis depuis quelque temps une célébrité qu'il est bon de justifier aux yeux du voyageur. Et que l'on n'aille pas s'étonner d'une semblable assertion, quand il y a à peine quarante ans qu'elle était presque tout-à-fait ignorée de la plupart des habitants de la péninsule espagnole; quand on ne connaissait ce riche jardin de la méditerranée que par un vague ouï-dire; quand les géographes mêmes ne la faisaient-ils figurer qu'étroitement dans les colonnes de leurs Dictionnaires. Cependant cette ile, comme la plus grande partie des provinces a eu, aussi, ses jours de deuil et de joie, de transport et de décadence, de vicissitude et de triomphe. Et cependant sur son sol il n'est pas une pierre qui ne renferme un souvenir sanglant ou glorieux. Et cependant son histoire est peuplée de ces combats, de ces conquêtes qui éternisent à jamais la mémoire d'un peuple..... Et puis, quoi de plus imposant que ses montagnes ?-de plus agréable que ses champs ?-de plus beau que son ciel ?-de plus doux que la paix qu'on y respire sans cesse?... Ah! ils ne l'ignorent plus à présent, ceux qui, fuyant cette guerre intestine qui dévorait naguère l'Espagne, vinrent chercher dans son sein un abri sur et protecteur! Et grace enfin, aussi, à Mrs. J. Tastu, Laurens, Piferrer, et à un grand nombre de savans voyageurs, qui se souvinrent un instant d'elle, Majorque n'est plus, en présence des nations, une chétive roche, détachée un jour du reste de la terre par un de ces bouleversemens qu'opère la nature et jetée, perdue au milieu de l'immensité. Non, elle a reconquis hautement aujourd'hui, comme toute ville civilisée, la position sociale qui depuis longtemps il lui était dûe et que l'ignorance lui refusait... non; elle est comme une belle jeune fille mollement couchée au bord de l'eau et que tout passant considère humblement ravi!- George Sand a aussi respiré sa brise parfumée et foulé sa terre encore vierge, et malgré les ridicules circonstances qui forment le fond de son *voyage*, ne s'agenouilla-t-elle pas à l'aspect d'une nature toujours majestueuse et sublime?...

Comme nous l'avons déjà dit, Majorque a, aussi, son histoire, mais une histoire à elle, qui lui est propre, originale, qui n'a rien de commun avec l'histoire de bien des peuples. (*) Nous allons essayer d'en tracer rapidement, sans commentaire aucun, les principaux passages.

(*) Voir celle longuement commentée et additionnée par D. Miguel Moragues et D. J. M. Bover, que publie par livraisons D. Felipe Guasp imprimeur-libraire.

Si nous voulons remonter à son origine, on la voit se perdre dans la nuit des temps, car il est peu probable, comme le prétendent quelques auteurs que, c'est Japhet qui, le premier aborda cette île et résolut de la peupler; mais il est vraisemblable que les grecs possesseurs d'une partie de l'Espagne et, envieux des richesses que contenaient ses îles, vinssent s'y établir.– Quelque temps après elle fut abandonnée par les grecs et habitée par les Phéniciens, puis vers l'an 538 avant J.-C. par les Carthaginois. Leur séjour dans cette île fut en quelque sorte pour le peuple baléar un moyen de civilisation, mais ils ne tardèrent pas à en être promptement chassés par les Carthaginois africains au temps où Hamilcar obtenait la principauté d'Afrique. La présence de ces guerriers chez une nation encore en enfance n'avait d'autre objet que celui de se ménager un pied-à-terre qui aida plus aisément à leurs valereuses entreprises et enrichit peu à peu Carthage de ses dépouilles. Mais le Sénat romain ne tarda pas à avoir connaissance des conquêtes qui signalaient le passage des carthaginois, et se hâta d'envoyer contre leur pays une armée considérable de terre et de mer à la tête de laquelle étaient placés les deux Scipions.– De là date la guerre sanglante qui dévora constamment ces deux peuples presque rivaux.– En passant par les Baléares, les romains résolurent de les plier sous leur joug, mais ils en furent brutalement repoussés par leurs habitans à l'aide de leur adresse et de leur force au maniement de la fronde. Le sénat ayant appris la défaite honteuse de son armée fit, aussitôt, appareiller un grand nombre de galères, et sous les ordres de Q. Cecilio Metelo et Tito Quintio Flancinio, ordonna l'expédition l'an 121 avant J.-C. L'armée romaine, étant arrivée heureusement à Minorque, ne songea pas à passer outre avant de s'être bien informée du nombre et de la force des habitans de la plus grande des Baléares. La joie de Metelo fut indicible dès qu'il eut su que les hommes qui peuplaient cette île étaient robustes et courageux, mais sans roi qui les gouvernat, seulement soumis aux ordres de quelques magistrats qu'ils se choisissaient eux-mêmes et auxquels ils conféraient le droit de faire respecter les lois qu'ils s'étaient dictés.- Sans balancer le général romain ordonna le départ; car il était de son honneur de soumettre sous la puissance de sa nation un peuple dont le nom seul inspirait de l'effroi aux hordes étrangères. Il partit donc. Mais les baléares n'eurent-ils pas aussitôt distingué dans l'horizon la flotte romaine, qu'embarqués dans des chaloupes et armés de leurs frondes, ils volèrent au devant. Metelo ne tarda pas à connaître avec quelle belliqueuse ardeur ce peuple défendait sa patrie; et pleines ses galères de morts et de mourans, indécis sur les moyens qu'il devait prendre, il jugea son retour à Minorque nécessaire. Il y rencontra, là, un renfort avec lequel il repartit et conquit, non sans quelques difficultés, encore, cette terre qu'il édifia ensuite avec magnificence.- Peu à peu on vit se dresser les colonies romaines, *Palmam et Pollentiam*; les peuples latins *Sinium et Cunici*, et la confédération *Bocoritaine.*

La domination romaine dans nos îles dura jusqu'au moment où les vandales envahirent l'Espagne, et en 457 de l'ère chrétienne l'armée du roi goth Walias s'en rendit possesseur. Leur gouvernement se prolongea jusqu'à D. Rodrigue, c'est à dire depuis 457 jusqu'en 714; la fin désastreuse de ce souverain au combat du Guadalete contre les maures, ayant rendu facile l'accès de ces derniers dans une grande partie de l'Espagne, et en 789 les iles Baléares tombèrent aussi dans leur pouvoir. – A instances de ses habitans, Majorque fut conquise et cédée quelque temps après par Charlemagne, laquelle devint aussitôt encore la proie des arabes; ceux-ci, chassés par les Génois et les Pisans sous la conduite de D. Ramon Bérenguer, comte de Barcelonne, l'occupèrent de nouveau, et quoique vaincus une fois encore par les pisans ils la reprirent ensuite et la gardèrent jusqu'au jour, où las de savoir ces iles riches et fertiles, tantôt sous le joug tyrannique de l'un, tantôt sous les lois despotiques et barbares d'un autre, et malheureuses sous tous, le jeune et vaillant monarque, Jacques I voulut joindre ce beau joyau à sa brillante couronne d'Aragon. Et à la tête d'une brave et noble armée il fit son entrée en la ville de Palma, après avoir chassé et mis hors de combat une grande partie des troupes musulmanes, le dernier du mois de décembre de l'an 1229.- Bientôt après, grace aux sages dispositions de ce prince, on vit s'élever la capitale des Baléares à un degré de splandeur, capable de rivaliser avec les villes les plus célèbres de l'antiquité; et le rang qu'il lui assigna n'a fait que s'agrandir à mesure que la civilisation a étendu sur les peuples son bras tout-puissant.

Palma, capitale de Majorque, ne doit pas être confondue avec la colonie romaine *Palmam*, située aux environs d'*el Palmer*, (*) car d'après ce qu'en dit D. Antonio Furió dans sa lettre historique, la pre-

(*) Distant de 7 heures au plus de cette capitale.

mière fut entièrement anéantie par les vandales, et cette dernière, fondée par les arabes qui, à cause des avantageuses circonstances que leur offrait la position du terrain, préférèrent s'y établir plutôt que de bâtir et de relever la primitive colonie.— D'après quelques auteurs l'*Almudena*, nom arabe qui signifie enceinte fortifiée, fut le commencement de leurs travaux. Cette enceinte n'occupait pas un trop grand espace. Elle s'appuyait d'un côté à l'angle occidental du palais royal, aujourd'hui transformée en caserne de cavalerie, et longeait la partie orientale du palais épiscopal. De là, elle pénétrait dans ce que nous appelons les rues d'*es forats*, d'*en Morey* en tournant dan celle d'*en Bordils*, où l'on voit encore une sorte d'arc qui, selon l'avis de D. Joaquin María Bovér est le reste de la partie supérieure d'une des portes appelée *de las cadenas* (des chaines,) qui donnait entrée dans la forteresse. Elle se prolongeait ensuite jusqu'au coin d'*el polls*, traversait la rue des *torretas*, touchait au mur du jardin du palais et complétait le carré en se rejoignant à l'angle de la caserne deja cité, son premier point de départ.

Mais le vainqueur de cette capitale n'eut-il pas aussitôt foulé sous ses pieds l'espérance de ces idolâtres et fait disparaitre jusqu'à la moindre trace du croissant, qu'il ne crut pouvoir mieux témoigner sa reconnaissance à l'être suprême, qu'en lui consacrant un temple où le chrétien put dignement l'honorer. Et c'est sur les débris d'une mosquée, dans l'enceinte même de l'*almudena*, face-à-face de la demeure du vaincu que par son ordre il s'éleva majestueuse et sublime la Cathédrale.—L'élégante habitation Episcopale et le somptueux couvent des Dominicains suivirent de près la construction de ce monument. L'hôpital éclésiastique de saint-Pierre et de saint-Bernard est d'une époque moins avancée.

N'allez pas croire, cependant, que le caractère envieux et avide de l'arabe put se suffire long-temps dans l'étroit circuit qu'il s'était tracé; non, il voulut pousser plus avant les limites de sa résidence, au point que l'emplacement qu'occupe aujourd'hui Palma, à peu de différence près, est le même qu'il se choisit. Deux portes, assez bien conservées, l'une celle de la *conquête*, vulgairement désignée sous le nom de sainte-Marguerite qui communique avec la plate-forme de la moderne fortification (*) et l'autre appelée la *plagadisa* qui donne entrée à la *place des taureaux*, en sont un témoignage irréfragable. N'étaient ces quelques antiquités et une maison de bains, il ne resterait rien qui put nous rappeler incessamment la domination et le séjour des maures dans cette ville.– Sans doute si, ceux-là mêmes qui la regardèrent comme leur patrie revenaient parmi nous, ne la reconnaitraient-ils plus et pleureraient-ils sur sa grandeur passée comme Volney sur les ruines de Palmyre.– Mais nous qui aimons à croiser ses jolies promenades, à traverser ses rues si peu uniformes, à contempler ses riches édifices, à nous extasier devant l'admirable coup d'œil qu'offre l'inégalité de son ensemble, pris du haut de ses remparts, que dirions-nous si, après un si long espace, nous la revoyions? -La reconnaitrions-nous? Hélas! tout est si peu stable dans ce monde! Mais

(*) Cette enceinte fut commencée en 1,500 et terminée en 1,700. On ne peut pénétrer dans l'intérieur de Palma que par les portes du *Muelle*, de *santa Catalina*, de *Jesus*, *Pintada*, de *san Antonio*, de *Calatrava* et de *Portella*.

au moins, tâchons de conserver pour les générations futures un souvenir de notre passage en ce siècle-ci, et transmettrons-nous, peut-être, par ce moyen notre histoire, la véritable; celle tracée sur la pierre et que ne peut altérer la partialité d'aucun écrivain, comme les générations passées nous l'ont transmise.– Qu'il reste, enfin, quelque chose de nous, aussi...

Nous le répétons encore, peu de choses pourront mettre le voyageur sur la voie de la Palma des arabes; mais, en revanche, la nôtre ne dédommagera-t-elle pas amplement sa curiosité? Et n'y aurait-il que la transparence de son ciel, la douceur de son climat, la beauté de ses jeunes filles, (*) n'en serait-ce pas assez pour confirmer la célébrité qu'elle acquit anciennement?

Nous devrions en historien fidèle achever ce récit par quelques phrases sur les mœurs, les us et coutumes qui sont d'ordinaire les ombres physiologiques d'un tableau... nous laissons ce soin délicat à l'intelligente sagacité du voyageur. Mais nous ne terminerons point, cependant, sans transcrire ici l'observation que nous fîmes autrefois sur l'idiome majorquin. (**)

«La langue majorquine est un mélange du catalan et du patois languedocien. Lisez les lais des

---

(*) N'en déplaise à M. Laurens qui n'a pu rencontrer dans toute la ville que, tout au plus, une demi douzaine de beautés. Sans doute trop occupé dans la journée à ses jolis dessins d'album, fesait-il nuit déjà lorsqu'il se proposa de les examiner. Eh! les ombres du soir ne sont pas toujours des plus favorables pour l'artiste-voyageur!

(**) Dans le *Corsaire du midi*, Marseille, 1838.

trouvères de cette contrée, les poésies de Clémence Isaure, et vous trouverez encore aujourd'hui une grande analogie entre ces trois langues, bien que le sens de quelques mots en soit altéré par le trop long-temps qui nous sépare. La langue majorquine est celle qui généralement est la plus appréciée. Le parler catalan est plus mâle, plus franc; tandis que le parler majorquin est plus mielleux, plus raffiné: on dirait bien souvent d'une ode de V. Hugo et d'une harmonie de Lamartine tant il flatte et chatouille l'oreille. Je voudrais pouvoir initier le lecteur dans les beautés poétiques que renferme cette langue qui, malheureusement, va se perdant de jour en jour, le castillan ayant pris le dessus. Il n'y a guère plus à présent que les villageois qui lui soient restés fidèles. Dans un demi-siècle on ne se rappellera plus du langage de nos pères que par tradition.»

Majorque est la patrie du célèbre Raimundo Lulio, des cardinaux Rossell, Cerda, Pou et Despuig; des évêques Miguel Tomas, Arnaldo Alberti, Pedro Roig, Miguel Estela et Bernardo Nadal, écrivains; de Jaime Fabra, Guillermo Sagrera et Pedro Morey, architectes; de Guillermo Mesquida, Bestard et Femenia, peintres; de Francisco Montaner, Alberto Borguñy et Joaquin Ballester, graveurs; de Diego Mora et Pedro Juan Obrador, sculpteurs; Des grands-maitres de l'ordre de saint-Jean D. Ramon Despuig, D. Rafael et D. Nicolas Cotoner; des généraux Barceló et marquis de la Romana; des saintes religieuses Catalina Tomas et Clara Andreu, et peut-être même, aussi, d'Annibal et de la famille de Napoléon.

L'étendue de la plus grande des Baléares est de 1,234 milles carrées, et sa population d'environ 180,000 habitans.

LE CICERONE.

HOTEL DE VILLE.

(*Casas Consistoriales.*)

C'est sur les fondemens de l'ancien hôpital de saint-André et sur ceux d'une maison des chevaliers de saint-Georges que les jurés du royaume firent élever, vers le XVII siècle, le monument, dont tout curieux admire l'imposante façade. Le magnifique effet que produit le capricieux enlacement des figures et des rosaces, qui semblent se détacher des lambris de l'avant-toit a, de tout temps, excité une admiration particulière. – C'est du balcon inférieur que se font les proclamations des rois en y déployant l'étendar de Castille. – L'intérieur de cet édifice n'est pas dépourvu de beautés artistiques. Le portail gothique qui conduit au salon bas des assemblées municipales est un objet de curiosité, comme aussi les salles d'*été* et d'*hiver* dont les murs sont couverts de tableaux dignes d'arrêter un instant l'attention du visiteur: La première renferme un saint-Sébastien peint par Wandick, le martyre de *saint-Cabril et de saint Basa* par Bestard, et la seconde contient l'histoire chronologique des rois de Majorque et les portraits des hommes célèbres que cette ile vit naître. – Dans une des salles est aussi l'ancienne et générale archive de Majorque, celle du Conseil municipal de cette ville, et celle, enfin, des protocoles des notaires décédés. (*) Non loin de cet édifice est la prison de la cité. (**) La Mairie de Palma se compose d'un alcalde et de quatre adjoints.

PRÉFECTURE.

(*Gobierno superior político.*)

Ce genre de gouvernement en Espagne, sauf aux époques constitutionnelles, a toujours fait partie de la juridiction militaire. Et voilà pourquoi il n'a pas

---

(*) Les bureaux civils et militaires sont ouverts tous les jours, exceptés les dimanches et fêtes, depuis 9 heures du matin jusqu'à 2 heures du soir.

(**) Il a été question de changer la destinée de cet établissement en maison de la préfecture.

un monument digne de représenter le rang qu'il occupe et est-il obligé d'avoir recours à des cellules pour contenir les divers bureaux de son administration. C'est donc dans les cellules de l'ex-couvent de saint-François d'Assise que sont renfermés le cabinet du préfet, la section de comptabilité, le bureau des passe-ports, le Conseil général de la province, (*Diputacion provincial*,) le cadastre et les archives.

PALAIS ROYAL.

Il ne serait pas nécessaire d'avancer que cet édifice est d'origine arabe, le curieux, lui-même, aisément le devinerait en présence de l'irrégularité et du mauvais goût qui règnent dans sa construction. Ce palais était la résidence des rois maures, et devint après la conquête, celle des rois chrétiens; puis aussi celle des vice-rois et des capitaines généraux.—Jacques II l'améliora quelque peu et fit construire dans la cour une chapelle dont l'architecture gothique a arrêté plus d'une fois les pas de l'artiste connaisseur. On doit aussi à ce monarque l'ange en bronze qui surmonte la tour principale du château, et dont les chambres sont transformées aujourd'hui en prison d'état. – Dans la chapelle est une précieuse urne d'argent offerte par Pierre IV d'Aragon qui contient le squelette vénéré de sainte-*Projedes* qu'apporta de France en 1342, le roi Jacques III. – L'intérieur du palais ne présente aucune particularité remarquable, seulement de vastes salles qu'occupent séparément le général, l'intendant de l'armée et le président de l'audience. Ce magistrat peut par une porte dérobée communiquer de ses appartements dans l'intérieur du tribunal. – Dans la partie habité par le Capitaine général, est le salon dit du Tron destiné pour le cérémonial du baise-mains. – Tou contre cet édifice est la salle d'armes qui, sauf que ques armures antiques, n'a rien de bien curieux.

Le gouvernement militaire est conféré à un lieu tenant général des armées et à un maréchal de camp Le premier a sous ses ordres la province qui comprend les iles de Minorque et d'Iviza, et le dernier sous le titre de gouverneur, n'a en vue d'autre autorité que celle de la capitale.

PALAIS ÉPISCOPAL.

Cet édifice se trouve situé derrière la cathédrale et doit à la munificence de D. Simon Bauzá évêque de Majorque sa façade extérieure, travaillée dans le courant du XVII siècle. On doit aussi à ce prélat d'avoir renouvelé la série chronologique des portraits des évêques qu'a eu, depuis la conquête, le diocèse de l'ile et que le curieux peut voir dans la première salle du palais.– Dans la cour est la demeure du vicaire général, le tribunal et la prison éclésiastique et l'archive du diocèse. Tout auprès du portique il est une chapelle gothique qui servait, autrefois, d'école au plein-chant.

DIOCESE DE MAJORQUE.

Le diocèse de Majorque comprend toutes les paroisses de l'ile à la tête desquelles est placée la Cathédrale. Son clergé se compose d'un Évêque, de cinq dignités supérieures, de vingt-quatre canonicats, parmi lesquels il en est un attaché à la mitre et un autre dont les revenus étaient appliqués au tribunal de l'inquisition, d'un sous-chantre et de quatre dignités inférieures ou *pabordes*. Le nombre des bénéficiers était considérable et vient de se réduire à cent cinquante.-Il y a dans l'intérieur de Palma cinq paroisses, sans compter celle de *l'Almudena* desservie par quatre vicaires de la cathédrale, et trente trois dans l'extérieur, sans une grande quantité de succursales.

LA CATHÉDRALE.

Ce n'est pas sans une sorte de respect et de crainte que nous abordons ce grandiose édifice; car après avoir été admiré et décrit par tant de voyageurs et de savans illustres, (*) comment pourrions-nous jamais ajouter quelque chose de plus à sa célébrité, nous? Laissons donc alors jouir le spectateur du plaisir que son majestueux ensemble inspire, et bornons-nous à lui indiquer seulement les particularités qui pourraient lui échapper. Avant d'aller plus avant jetons un coup d'œil sur les portes qui donnent entrée au temple. La principale, œuvre de l'architecte Miguel Verger est d'un effet agréable, mais elle est loin de valoir celle placée au nord qui, quoique simplement ornée, ne lais-

(*) Voir l'opuscule que fit à ce sujet D. Gaspar Melchor de Jovellanos, commenté et publié par notre chroniste D. Antonio Furió, à qui nous sommes redevables de la plupart des notices contenues dans ce Cicerone.

se point de présenter le style gothique dans toute sa pureté. La porte méridionnale, nommée des apôtres, passe sans contredit pour un chef-d'œuvre, dans son genre, pour une merveille de l'art, et qui rendra à jamais immortel le nom de Pedro Morey, son auteur.- L'intérieur de ce vaste et somptueux monument offre un aspect qui saisit tout-à-coup l'esprit et suspend la pensée. En effet, une immense voute, divisée en trois nefs, appuyée seulement sur deux rangées, chacune de sept piliers octogones de sept pans et demi de diamètre sur cent dix huit de hauteur, est d'une hardiesse inconcevable, et si l'on songe surtout que la longueur de l'église est de cinq cent quarante pans. (Mesure majorquine de quelques lignes moins que le pan français.) C'est en 1230 que cette œuvre gigantesque fut commencée par ordre de Jacques 1, le conquérant, et à la mort de ce monarque il n'y avait encore d'achevé que la chapelle royale dont l'enceinte était destinée à servir de panthéon aux princes du sang. On y voit encore, bien conservés, le riche sépulcre de Jacques II et la tombe de doña Esclaramunda de Foix. Sans compter ces monumens funèbres, il en est quantité d'autres dignes d'être visités; par exemple, entre les anciens, ceux de D. Berenguer Balle, de don Raimundo de Torrellas, de D. Antonio Galiana, de don Arnaldo Marin de santa Cilja, et de D. Gil Sancho Muñoz, et entre les modernes, ceux de D. Benito Pañellas, de D. Bernardo Cotoner, de D. Bernardo Nadal et du général marquis de la Romana.-Le chœur qui occupe le centre de l'édifice et qui détruit presque entièrement l'effet que produirait le maître-autel (*) au jour des grandes solennités avec sa richesse

---

(*) Non celui qui existe à présent, mais celui qui exis-

d'ornemens et son luxe de lumières, et que rehausserait encore avec élégance le capricieux scintillement des milles couleurs enchassées dans les claire-voies, vue de l'entrée principale, le chœur, disons nous, doit être aussi un objet d'attention et notamment les reliefs du haut des bancs, sculptés sur bois de noyer, représentant avec finesse et exactitude les principaux passages de l ancien et nouveau testament. — Le nombre des chapelles est de seize et dans chacune d'elles il est des tableaux d'un talent supérieur. La sainte-Cécile, la Conception et autres du peintre majorquin Guillermo Mesquida sont dignes des plus grands éloges, comme aussi les toiles appendues dans le baptistère, de Camaron et autres artistes valenciens. Dans la chapelle de l'Assomption, il en est de Pietro de Cortona et de plusieurs peintres fameux. Celle de saint-Pierre, renferme la toile principale exécutée avec goût et intelligence par D. Salvador Torres; mais ce qui dans cette même chapelle vaut certainement la peine d'arrêter un instant les regards du visiteur, ce sont les œuvres sur bois de D. Adriano Ferran, représentant, l'une, la statue de saint-Jean-Baptiste et l'autre celle de saint-Bruno, de grandeurs naturelles. Ces deux modèles de statues fesaient naguère partie des ornemens qui décoraient la jolie chapelle de la Chartreuse de *Valldemusa*. N'oublions pas, enfin, de signaler le magnifique saint-Sacrement, travaillé au XV siècle, les

---

tait autrefois, conforme en tout au style gothique et à l'harmonie de l'édifice, et digne des hommages de l'artiste connaisseur, que le mauvais goût a relégué derrière celui qui l'a remplacé. Quant le mauvais goût cessera-t-il de faire des sottises?

candelabres de sept branches chaque, pesant ensemble 15,000 onces d'argent, et les précieuses broderies d'or et de soie sur velours cramoisi représentant les quatre Evangélistes, dûes à Jorge Carbonell.

Au flanc nord de la cathédrale il est une tour assez élevée qui sert de clocher et dont l'origine a soulevé plus d'une question entre les historiens. Quelques uns prétendent qu'elle n'est pas plus ancienne que le monument où elle s'appuye, tandis que d'autres soutiennent au contraire qu'elle appartint aux arabes. S'il est incontestable que la cathédrale fut bâtie sur les ruines d'une mosquée, il se peut fort bien alors que cette espèce de tour soit un reste de minaret. Quoiqu'il en soit, le tout de ce temple auguste, qui semble protéger de son ombre, la ville, et qui plane sur elle comme un symbole de religion, n'a été entièrement terminé qu'en 1601. — Tout contre cette tour, il est une petite chapelle gothique, appelée l'*Almoyna*, assez bien conservée, et destinée pour la distribution des aumônes.

PAROISSES.

SAINTE-EULALIE.

Cette paroisse est de construction gothique et son origine remonte, d'après nos auteurs, à l'époque où les pisans étaient maitres de Majorque. Il est certain que, long-temps avant l'achèvement de la cathédrale cette église fut regardée comme la première du diocèse. Sa façade principale n'offre rien de particulier, si ce n'est une élégante claire-voie. Quant au couronnement d'une œuvre semblable qui, d'ordinaire, est un clocher plus ou moins élevé, nous n'en parlerons pas, attendu qu'il n'entra point dans les plans de l'architecte. L'intérieur de ce temple, sauf le badigeonnage de ses murs, présente une exacte régularité dans ses lignes et une grande harmonie dans ses détails. Le maitre-autel qui était d'un style gothique a été remplacé par celui que nous voyons, d'un goût plat et misérable. Cependant il reste encore pour le curieux des objets dignes de ses regards. En premier lieu un crucifix qui, dit-on, est celui qu'apporta dans sa galère royale, Jacques I alors qu'il vint à la conquête de l'ile; ensuite un tableau représentant N. D. du Confalon chef-d'œuvre de Carlos Marati, et plusieurs excellentes peintures de Mesquida.-Sainte-Eulalie fut de tout temps un lieu d'asile et de sauvegarde pour les criminels, mais depuis peu ce privilège lui a été retiré.

SAINTE-CROIX.

Bâtie à une des extrémités de la ville, tout près de la porte de sainte-Catherine, cette paroisse, de forme gothique, semble reposer sur un petit temple dédié, à présent, à saint-Laurent, et qui tint lieu à l'époque où l'évêque de Barcelonne le fit édifier, c'est à dire après la conquête, sur le terrain même qu'il eut en partage, de celui que l'on voit aujourd'hui. L'entrée principale de l'édifice n'est surmontée que de l'écusson de la ville à cause du privilège qu'elle avait de hisser au haut de son clocher, le jour des solennités civiques, le pavillon royal. La porte latérale, au contraire, est couronné d'une belle et correcte statue de sainte-Hélène sculptée par l'artiste Guillermo Ferrer. L'intérieu de l'église renferme plusieurs peintures d'un mérite régulier, et un Christ attaché à la croix, de grandeur naturelle, trouvé miraculeusement entre deux murs, qui passe pour n'être pas sans quelque prix aux yeux des connaisseurs.

SAINT-JACQUES.

Cette paroisse est édifiée dans la rue du même nom, et porte, comme les précédentes, le cachet indélébile du genre gothique. La statue du saint tutélaire qui surmonte l'entrée principale de l'église n'est pas sans mérite, mais ce qui, certes, en a incontestablement, c'est le maître-autel travaillé par Pedro Juan Obrador. Dans la chapelle de la Conception, il est d'excellentes peintures dûes au talent de Mayol, et quèlques statues dignes d'éloges d'Adriano Ferran, tous deux artistes catalans. Il est aussi des tableaux de Mesquida, notamment dans la chapelle de saint-Placide. Dans celle de saint-Gaétan repose le cœur d'un des grands-maitres Cotoner.- C'est non loin de cette église que naquirent ces deux grands hommes, et le Conseil Municipal de cètte ville ne crut pouvoir les honorer mieux qu'en plaçant au fronton de leur demeure une flatteuse inscription.

SAINT-MICHEL.

L'histoire nous apprend que ce temple fut, avant la dernière conquête de l'ile, une mosquée, et que c'est dans son enceinte que pour la première fois l'armée victorieuse de Jacques I assista au sacrifice de la messe. La manie de tout renouveler fit, au XIV siècle, disparaitre la mosquée pour bâtir sur ses ruines une église dont il ne reste dejà plus, -sauf la grotesque statue de saint-Michel,- que les quelques ornemens et figures qui encadrent sa principale entrée. L'intérieur de cette paroisse n'offre rien qui puisse attirer le regard du curieux. Il est cependant une Madone (*) que la tradition assure avoir fait part de l'expédition du roi conquérant; quelques peintures de vastes dimensions représentant avec art plusieurs passages historiques du saint-Archange, patron tutélaire; un grand tableau adossé à la voute du sanctuaire où est retracé la bataille de saint-Michel contre les anges rebelles du célèbre majorquin Jaime Morey, et celui enfin de saint-Joachim de Miguel Carbonell. Le maitre-autel fut exécuté par l'artiste Francisco Herrera.- Si nous devons en croire nos Annales, l'intérieur de la tour qui sert de clocher aurait été témoin de scènes atroces et sanglantes.

(*) N. D. du Salut.

SAINT-NICOLAS.

L'origine de cette paroisse fut dans une petite église appelée saint-Nicolas le vieux qui disparut en 1836. Celle que le curieux peut voir à présent est en quelque sorte la même, quoiqu'il n'y ait déjà plus d'elle que la porte principale, d'un style gothique on ne peut plus harmonieusement correct, que par ordre de Jacques II on bâtit sur l'emplacement qu'il avait désigné. L'intérieur présente une chapelle de saint-Joseph exécutée par le sculpteur Adriano Ferran, deux tableaux où sont retracés saint-Thomas et saint-Bonaventure de Mayol, une toile de saint-Erasme et les statues du maitre-autel de Pedro Juan Obrador. Dans la principale niche du maitre-autel il est une peinture sur bois fort ancienne, représentant le saint-tutélaire, et qui appartint à l'antérieure église à l'époque de sa construction.

ORATOIRES.

SAINTE-FOI.

Cet oratoire servait alors que les maures gouvernaient l'ile, de temple au culte judaïque; ce n'est qu'en 1314 que la synagogue fut transformée en chapelle chrétienne par ordre de l'évêque de ce diocèse parce que, dit-on, les juifs avaient osés admettre deux allemands, nés chrétiens, dans leur religion. Le roi don Sancho de Majorque y établit en 1323 un bénéfice qui existe encore. Saint-Christophe y est en grande vénération.

SAINT-CHRISTOPHE *de la bolseria.*

La tradition certifie que cet oratoire est d'une époque fort antérieure à la dernière conquête, et que c'est dans son enceinte, sous la domination des maures, que les chrétiens accouraient entendre la messe. Les tableaux placés sur son autel dédiés à Notre Dame et à saint-Christophe sont d'une exécution très-ancienne quoique nouvellement retouchés. Cette chapelle est sous le patronage du Conseil Municipal de cette ville.

SAINT-PIERRE *du Syndicat.*

Cet oratoire faisait partie du pied-à-terre que possédaient deux syndics forains, ainsi appelés parce qu'ils représentaient les peuples de l'île et assistaient en leur nom aux séances municipales de Palma. A l'époque constitutionnelle de 1820 les deux syndics disparurent et avec eux, leur maison et l'oratoire qui furent vendus comme biens nationaux. En 1823 les deux syndics reparurent avec le système absolutiste et reprirent de nouveau possession de leur demeure. Mais à la mort de Ferdinand VII ils disparurent encore, pour ne plus reparaître, sans doute, et leur propriété fut restituée aux acheteurs. L'oratoire qui était de construction gothique a été tranformé en magasin, et les figures antiques de la Vierge et de saint-Pierre qui s'y vénéraient furent transportées dans l'église de sainte-Eulalie.

LE TEMPLE.

Cet oratoire a appartenu aux chevaliers de l'ordre de saint-Jean et se conserve à peu près tel et quel il était avant l'abolition des templiers, lesquels le possédaient depuis le moment de la conquête. Son intérieur n'a de remarquable que quelques antiques sépultures. Les tours et les murailles qui forment l'étendue de l'édifice suffisent assez pour faire comprendre combien leur fortification devait être quelque peu imposante à l'époque de sa construction. C'est dans son enceinte que Jacques I confiait ses trésors. Au XVI siècle l'inquisition y eût quelque temps son exécrable tribunal et des cachots pour ses prisonniers.

N. D. de la PAIX.

On trouva, par hasard, un jour au bord d'une fontaine le vénérable portrait de la sainte-Vierge, peint sur bois. Il fut aussitôt accordé d'édifier une chapelle et sur le lieu même de la rencontre, un autel, et c'est sur cet autel qu'est placé la sainte-effigie. Cet oratoire est sous la sauvegarde de la municipalité, et c'est pourquoi sur sa porte d'entrée sont retracées les armes de la ville.

SAINT-PIERRE.

Pratiqué dans une sorte de souterrain, ce moderne oratoire appartient à la corporation des pêcheurs: à elle appartient aussi une précieuse relique dans laquelle sont renfermées plusieurs épines de la couronne du Christ et qui se vénère dans une chapelle de la cathédrale. Cette relique mérite certainement d'être vue, à cause de la délicatesse de son travail artistique.

SAINT-ELME.

C'est tout auprès de l'Adouane et vis-à-vis l'ancienne porte du môle que cet oratoire fut édifié en 1615 par la corporation des vieux marins. Là, rien ne vaut la peine d'être cité.

SAINT-FÉLIX, *martyr.*

Cet oratoire fut construit aussitôt après la conquête par le supérieur du monastère de *san Felio de Guixols*, en Catalogne, et servit en 1662 d'église aux fondatrices du couvent des capucines.

SAINT-JEAN DE MALTE.

Cette église de l'ordre hospitalier de saint-Jean

de Jérusalem fut érigée par les chevaliers qui suivirent le roi Jacques I dans sa conquête; mais réédifiée vers le milieu du siècle passé, elle perdit toute trace de sa primitive fondation. En 1311 elle s'enrichit des biens que possédaient les templiers.

LE SAINT-SÉPULCRE.

Cette mosquée ne devint oratoire qu'après que Jacques I l'eut donnée aux héritiers de D. Guillermo de Moncada, un des conquérants; lesquels en firent présent à deux chevaliers de l'ordre du saint-Sépulcre qui l'habitèrent jusqu'en 1280. A cette époque elle fut rendue à Jacques II qui l'offrit à D. Guillermo Puigdorfila, son favori, et dont les descendans l'ont conservée intacte jusqu'en 1841.– On y voit à présent une machine à scier le bois.– Il ne restait de l'ancienne église, seulement que la façade, l'intérieur étant de moderne construction, mais cependant elle renfermait des souvenirs dignes d'être respectés. Entr'autres, le maitre-autel qui, dit-on, était la chapelle portative du monarque conquérant et que possède chez-lui D. Felipe Puigdorfila, une figure du Christ semblable à celui que vénérait l'ordre du saint-Sépulcre, à Jérusalem et que le curieux peut voir à présent dans l'église de saint-Jacques, la tombe des Moncada, et celles, enfin, de plusieurs personnages de distinction.

COUVENTS.

SAINT-DOMINIQUE.

La construction de ce riche et somptueux monument, digne en tout point de la générosité avec laquelle Jacques I céda le terrain aux frères prêcheurs, parmi lesquels était son confesseur Miguel de Fabra, fut confié en 1230 au célèbre architecte majorquin Jaime Fabra, auteur aussi de la grandiose et majestueuse Cathédrale de Barcelonne. *L'église, la Porterie, le Chapitre, le Déprofundis,* et le *Réfectoire* de cet imposant monastère furent de tout temps d'un grand intérêt pour l'artiste, (*) et excitèrent vivement la curiosité du voyageur.... Mais, hélas! il ne reste déjà plus de toute cette belle œuvre qu'à peine l'emplacement; car ce que le temps et les révolutions respectèrent n'a pas échappé au marteau sacrilège des vandales du XIX siècle. Et après le décrét du 12 Août 1835 relatif à l'expulsion des moines, vint l'arrêt fatal de destruction que vit s'accomplir le commencement de l'année 1837. — Ce n'est pas sans quelque peu de certitude que nous avons osé avancer que Majorque pouvait être la patrie des aïeux de Napoléon, car dans les caveaux de la jolie chapelle de N. D. du Rosaire, de ce couvent,

(*) Le savant Jovellanos en parle avec éloge, dans un de ses écrits.

était la tombe des Bonaparte. Et nul d'entre-nous n'ignore que la Corse fut autrefois attachée à la couronne d'Aragon.

SAINT-FRANÇOIS D'ASSISE.

Quelques auteurs prétendent que les religieux de cet ordre accompagnèrent Jacques I à la conquête de l'ile, et qu'il leur fut ensuite signalé, pour demeure, quelques maisons situées non loin de la porte par où avait fait son entrée l'armée victorieuse; et qu'au XIII siècle ils avaient échangé leur couvent contre celui qu'habitaient les religieuses de sainte-Marguerite. Quoiqu'il en soit, il n'en est pas moins vrai que le monument qu'ils possédèrent en dernier lieu est d'une magnificence toute royale. C'est à Jacques II que l'on doit sa réédification, et c'est là, que l'infant D. Jaime, son fils ainé, après avoir renoncé aux droits de la couronne, vint, en 1279, se cloîtrer. L'ensemble de cet édifice est d'un majestueux aspect, et c'est dommage que l'intérieur du temple, dont la hauteur et la longueur sont étonnantes, soit par-ci, par-là, quelque peu défiguré, quand on a cru l'embellir, par des socles et des pilastres qui contrastent singulièrement avec l'harmonie gothique exactement respectée. Entre les quelques beautés artistiques que le curieux peut voir dans diverses chapelles, se dresse, somptueux, le sépulcre qui renferme l'insigne Raimundo Lulio (*)

(*) Ce n'est ici ni le lieu, ni le moment de nous occuper de ce grand homme, le monde savant sait assez s'il a des

La façade de l'église est remarquable, et c'est au célèbre Francisco Herrera qu'est dû le travail qui encadre la principale entrée. Le cloître est d'un mérite infini: la ville et le bon goût devraient le conserver et le respecter quand même. Les cellules de ce spacieux couvent renferment aujourd'hui les bureaux de la Préfecture, l'École normale, et un commencement de Musée d'histoire naturelle.

N. D. DU MONT-CARMEL.

Ce monastère fut fondé au commencement du XV siècle par D. Guido Terrena de Perpignan élu évêque de Majorque, en compagnie de quelques religieux de son ordre, au bord même de la *Riera*.-Sorte de ruisseau, que remplaça plus tard la promenade de la *Rambla*.- Vers la fin du siècle dernier le mauvais goût fit disparaitre le temple gothique dont la toiture était de bois pour construire, en dépit du bon sens et des régles de l'art, celui que l'on voit aujourd'hui. Il ne reste plus de l'ancien que quelques fragmens et le pyramidal clocher. La statue antique de la Vierge, en marbre blanc, qui attirait constamment la ferveur des fidèles et le regard de l'artiste, fut transportée, lors de la suppression des communautés, dans l'église de l'Hôpital général. Le couvent des Carmes sert à présent de caserne.

---

droits à notre reconnaissance: notre intention n'a été autre que de rappeler que Majorque peut hautement s'énorgueillir de lui avoir donné le jour.

N. D. DU BON SECOURS.

C'est au XV siècle, dans la petite église de *San-Magin*, (*) *extrà-muros*, que le père Juan Exar religieux augustin posa les premiers fondemens de son ordre. Étant ensuite passés à la chapelle d'*Itria*, près des murs de Palma, les religieux ne pénétrèrent dans son enceinte qu'au moment où ils crurent que Majorque allait soutenir une guerre contre les Turcs. Un petit temple dédié à N. D. du Refuge fut momentanément leur asile. Ils ne tardèrent pas à édifier, tout contre, leur couvent, et bientôt après l'église qui, malgré ses grands frais d'apparences n'a rien d'extraordinaire. N'étaient la coupole de la chapelle de Saint-Nicolas de Tolentino, les ornemens et les statues de Francisco Herrera, l'ensemble de l'édifice ne vaudrait guère la peine d'être cité.

LE SAINT-ESPRIT.

On prétend que les religieux trinitaires de Majorque doivent leur origine à l'infante Doña Constanza d'Aragon. Cependant ce n'est qu'en 1232 que cet ordre se fit connaître ici par son séjour à l'ancienne église du saint-Sépulcre, qu'ils abandonnèrent ensuite pour vivre dans un hospice des enfans-trouvés, nommé le *Sancti Espiritu*. Ce monument,

(*) Au faubourg de sainte-Catherine. Ancien hospice des orphelins.

le plus petit d'entre ceux de Palma, n'a rien d'intéressant, si ce n'est quelques autels du XIV siècle. — Tout près des restes de la chapelle de N. D. des Douleurs est un cimetière appelé *Campo Santo*, parce que, dit-on, il fut commencé avec une poignée de terre apportée des saints-lieux de Jérusalem. Le couvent du saint-Esprit a été transformé aujourd'hui en succursale de la Miséricorde et en maison correctionnelle.

N. D. DE LA MERCI.

Les historiens ne sont guère d'accord sur l'époque de l'arrivée en notre ile des Chevaliers de la Rédemption, en attendant qu'ils éclaircissent définitivement ce point, disons qu'ils n'eurent jamais ici qu'un pied à terre, et que ce n'est qu'au XV siècle, alors que leur ordre eut passé de militaire à clérical, qu'ils édifièrent leur couvent. L'église et le couvent sont de moderne construction. L'église est fort belle, mais particulièrement une statue de la Vierge qu'on ne peut cesser d'admirer toujours, encore...

SAINT-FRANÇOIS DE PAULE.

Quoique ce couvent ait eu aussi la même destinée que celui de Saint-Dominique, nous n'en continuerons pas moins à lui consacrer un souvenir. —

C'est près d'une petite église de *Porto-Pi* (*) dédié à saint-Nicolas que les religieux de cet ordre, à leu arrivée dans cette ile, allèrent s'établir. Cette partie de la côte, alors sans défense,-le fort saint-Charles n'existant pas encore, - était fréquemment battue par les pirates de barbarie, ce qui les obligea à changer de lieu, et à se réfugier dans l'oratoire d N. D. de la Solitude, *extrà muros.* (**) L'air malsair de ce séjour le leur fit bientôt abandonner, et l béat Gaspar de Bono ayant obtenu la permission d transférer leur établissement dans la ville, c'est prè la montée de la cathédrale qu'en 1585 ils commencèrent à bâtir leur nouvelle demeure. L'église de ce couvent était d'un goût délicieux, notamment la chapelle octogone de N. D. de la Solitude exécutée par l'architecte Antonio Mesquida qui, renfermait scrupuleusement toutes les conditions de l'art. Le maitre-autel de cette chapelle, que le curieux peut voir encore aujourd'hui dans l'oratoire des Orphelines

(*) A l'entrée de la baie de Palma, et au bord même de l'anse de ce nom, il est une élégante tour qui sert de phare et de vigie. Tout près de là, sur une hauteur d'environ 400 pieds audessus du niveau de la mer est situé le fort de *Bellver*, édifié par ordre de Jacques II dans le courant du XIII siècle. De 1802 á 1808 son enceinte servit de prison au savant Jovellanos, et tout contre ses murs fut fusillé en 1817 le brave et vaillant général D. Louis, Lacy. Non loin de là est, aussi, le Lazaret, un des plus anciens établissemens de ce genre.

(**) Non loin de la porte de saint-Antoine, et sur la route qui conduit à la ville d'*Artá*, célèbre par ses merveilleuses grottes.

possède la toile qui couvre la figure de la Vierge peinte par le célèbre Guillermo Mesquida. Nous regretterons, cependant, toujours qu'on n'ait pas cherché, par amour des beaux-arts, à conserver la porte principale qui était de l'ordre composite.

LES CAPUCINS.

C'est vers le milieu du XVII siècle que ces religieux arrivés de Saragosse fondèrent à Majorque un couvent de leur ordre. Il leur fut désigné à cet effet une partie de terrain hors des murs de la ville (*) et à proximité du couvent de *Jesus.* (**) Mais les franciscains jaloux d'un semblable voisinage usèrent de tout leur pouvoir pour s'opposer à ce nouvel établissement. Ce n'est qu'après bien d'années de combats et de fatigues que nos pauvres religieux virent un terme à leurs efforts. Vers la fin du siècle dernier notre ile se vit menacée par les Russes, et les capucins ne croyant par leur demeure en sûreté, demandèrent à passer dans la ville. C'est près la porte *Pintada*, sur l'endroit même où plu-

(*) Sur le chemin qui conduit à l'ex-couvent de S. Bernard, distant d'une heure au plus de cette capitale, se trouve placée une croix sur l'endroit même qu'occupa ce monastère.

(**) Non loin de la porte et sur la promenade même de ce nom. Ce monastère vient d'être converti en une fonte de fer. A l'extrémité du chemin de *Jesus* est le cimetière de la ville.

sieurs siècles avant il y avait existé une maison de prostitution, en face de la place où fut exécuté en 1523 Juan Odon Colom, chef de la ligue majorquine qu'ils édifièrent, d'après les plans et sous la direction du père Miguel de *Petra* le monastère et l'église qui méritèrent par leur simplicité et leur bon goût un rang honorable parmi les constructions de ce genre. L'intérieur du temple possède quelques tableaux de Mesquida, Montaner et Ferrer. Celui qui était placé dans le chœur, représentant le Christ crucifié entre les deux larrons, fait maintenant partie du Musée de la ville: cette toile méritait certainement un semblable hommage.-Ce sont les Capucins qui, les premiers, se dédièrent à la formation d'un cabinet d'antiquités et d'histoire naturelle, et leur bibliothèque était réputée la meilleure d'entre celles de l'ile.-On a eu le dessein de transformer ce couvent en prison.

N. D. DU MONT-SION.

C'est sur les restes d'une antique synagogue que cet édifice fut bâti. Long-temps avant l'entrée en cette ville de Jacques le conquérant ce lieu était déjà consacré à des cours d études, lesquels se sont continués jusqu'à nos jours: Moïse, Mahomet et le Christ y ont eu successivement leurs interprêtes. C'est donc en un semblable lieu qu'au XVI siècle les disciples de Loyola fondèrent leur collège. Chassés vers la fin du XVIII siècle, le roi accorda cet établissement à l'Université littéraire, dont les cours se prolongèrent jusqu'en 1815. A cette époque les jésuites prirent de nouveau possession de leur demeure; mais chassés une seconde fois en 1820, la Société économique des amis du pays et la Préfecture l'occupèrent jusque vers la fin de 1823. Les exilés revinrent encore. Mais à la mort de Ferdinand VII ils ne purent éviter le sort funeste qui les poursuivait et *Montesion* devint l'Institut Baléar. L'intérieur du temple, malgré ses ornemens architectoniques, n'a rien de bien remarquable, excepté cependant la chapelle construite en marbre du pays qui contient le cadavre du béat Alonzo Rodriguez. La façade principale de l'église est d'un imposant effet, et qui moins surchargée d'inutilités dans ses longs travaux, ne laisserait pas d'être d'un très grand mérite. Le tout de cette œuvre est couronnée par une assez colossale statue de la Conception. (*)

SAINT-GAÉTAN.

Étant arrivés vers le commencement du XVIII siècle, ces religieux s'établirent et vécurent dans une des maisons de la rue de la *Portella* jusqu'à la première expulsion des jésuites. A cette époque leur collège de *saint-Martin* étant devenu propriété nationale, le gouvernement la céda aux pères théatins, qui sous les ordres de l'architecte Antonio Mesqui-

(*) La position des mains de cette Vierge donna lieu à un singulier procès. Le fanatisme disait qu'avant la première expulsion des jésuites la Vierge avait les mains jointes, et qu'aussitôt après leur sortie elle les avait croisé en signe de douleur. L'Audience se vit forcée de s'en mêler afin de découvrir l'auteur d'un semblable scandale.

da firent édifier le monument que l'on voit aujourd'hui. L'intérieur du temple est d'un bon goût: nous n'en dirons pas de même de quelques chapelles où le marbre et le jaspe du pays sont travaillés sans art. Il n'y a que celle de saint-*Faust* qui vaille la peine d'être citée. Le saint-tutélaire de cette chapelle est assez remarquable, comme aussi la figure du Christ crucifié, de grandeur naturelle, qui appartint à l'ex-couvent des Carmes.

LA MISSION.

On doit, à Palma, le commencement de l'institution de saint-Vincent de Paule, aux restes vénérables du majorquin Pedro Borguñy, martyrisé à Alger. Car la ville sachant que le saint-fondateur possédait ces pieuses reliques à Paris dans sa maison de saint-Lazare, ne céda le terrain aux nouveaux missionnaires qu'à condition qu'ils les restitueraient à leur patrie. Cela étant, ils commencérent vers la fin du XVII siècle à bâtir leur établissement qui eut, dès-lors, une grande vogue et un nombre infini de bienfaiteurs. Leur expulsion en 1835, fut vivement et généralement sentie.-L'édifice est d une construction régulière, et l'église, quoique ornée avec profusion, ne laisse pas d'être agréable aux yeux du visiteur. Elle renferme deux grands tableaux où sont retracés plusieurs passages de la vie du fondateur de cette institution, dûs au talent de D. Juan Montaner. Cette maison sert aujourd'hui d'asile aux pauvres moines sexagénaires.

SAINT-PHILIPPE NÉRI.

Peu de temps après la fondation des missionnaires, vint celle de l'oratoire qu'effectuèrent le père Verger de Valence et le père Talladas de Majorque, dans une maison que leur céda le curé de la paroisse de sainte-Eulalie. La demeure de ces pieux éclésiastiques est à peu près dans le même état qu'à l'époque de la naissance de cet établissement. Tout contre, on fit édifier un temple de moyenne et solide architecture qui fut terminé dans l'espace d'un an.

SAINTE-MARGUERITE.

C'est là, le premier couvent de religieuses qu'eut Majorque; car c'est aux prélats qui suivirent le roi conquérant qu'en est dûe la fondation. Elle eut lieu à la place du marché. Bientôt après cette institution fut transférée à l'endroit qu'occupe à présent le couvent de saint-François d'Assise, et plus tard comme nous l'avons dit, près la porte de la *conquête* qui prit par la suite le même nom du monastère. On ignore sous quelles régles ces religieuses vécurent dans leur origine, quoiqu'on présume cependant, d'après quelques urnes gothiques, placées sous le chœur et surmontées de figures en relief que ce fut celle des carmélites. On ne sait pas non plus quel motif leur fit abandonner leurs premières lois pour suivre celles de saint-Augustin. L'église, dont la toiture est de bois, est d'une époque fort ancienne, et rien n'indique mieux son antiquité que la chaire de pierre dont l structure et les travaux sont on ne peut plus rares. On y voyait avant la suppression du couven deux autels gothiques que le curieux trouvera dan le Musée provincial. Les cellules qu'occupaient le religieuses sont encore les mêmes qu'habitèrent le moines franciscains. Par suite de la loi qui ne permet dans chaque ville qu'un couvent du même ordre, les augustines furent transportées dans celu de la Conception, ayant soin d'emporter avec elle un linge, envoyé de Rome par le cardinal Antonio Cerdá, dont on assure que la face du Seigneur y fut miraculeusement imprimée, seulement parce qu'il fut appuyé sur celui qui existe dans la capitale de la chrétienté. Depuis le XVI siècle on expose cette sainte-image aux regards et à la vénération du public le dimanche des Rameaux; jour destiné pour que toute une population, sous le prétexte de gagner le jubilé, s'y porte en foule et y étale un luxe effréné.- On pense que le couvent de sainte- Marguerite servira bientôt d'hôpital militaire.

SAINTE-MAGDELEINE.

La primitive destinée de ce couvent fut celle d'un hospice dû à la générosité des seigneurs qui suivirent Jacques I, lequel fut bientôt transformé en demeure des religieuses de la pénitence. Les régles de saint-Pierre furent fidèlement observées par ces pieuses femmes jusqu'après le Concile de Trente, époque où elles adoptèrent celles de saint-Augustin. Ce couvent est à part et c'est ce qui explique pourquoi il ne fut pas compris dans la loi de réduction. Pour quel motif? pensera le curieux. Oh! parce qu'il est dans son enceinte, un trésor, parce que merveilleusement intact est le cadavre de la béate Catalina Tomas (*) religieuse de ce monastère, compatriote et patrone de tout majorquin.— L'église, qui fut reconstruite exprès pour contenir dignement un semblable dépot, est d'une excellente architecture. Mais ce qui est audessus de tout éloge, ce sont ses ornemens. Là, tableaux de grands maîtres, damas recherchés, velours brodés d'or, joyaux précieux, marbres et jaspes exquis, tout y est confondu, pêle-mêle, avec profusion en honneur des saints-restes qui reposent dans un somptueux sépulcre d'argent, couronné d'un jasmin d'or et soutenu par un magnifique socle sur lequel est écrit en latin: *A la béate Catalina Tomas, Antonio Despuig cardinal de la sainte-Eglise Romaine, dédie et consacre ce monument.*—La générosité de ce prélat envers sa compatriote fut toujours immense; et non content d'avoir sacrifié sa fortune pour construire ce riche panthéon, il voulut encore qu'après sa mort son cœur fut placé au pied de la tombe de la sainte bien-aimée avec cette modeste inscription: IBI EST COR TUUM.

(*) La ville de *Vall-de-musa* est sous tous les rapports grandement célèbre. Avant la conquête c'était un site habité par un riche maure appelé *Musa*. Il fut choisi en 1321 par D. Sancho I de Mallorca pour y bâtir un élégant palais qui fut cédé en 1399 à l'ordre des chartreux. Ce somptueux monastère servit quelque temps de prison à Jovellanos et de retraite à Gerge Sand. Non loin de là est encore la maison où naquit en 1533 Catalina Tomas.

SAINTE-CLAIRE.

Ces religieuses de l'ordre de S. François d'Assise doivent la fondation de leur couvent à la piété de la famille royale de Majorque, ainsi qu'au zèle des prélats qui vinrent à la conquête de l'ile. Il est encore dans son intérieur quelques écus d'armes et quelques inscriptions qui rappellent le souvenir des fondateurs. L'église, à exception de sa façade et de son clocher, n'a rien que de très moderne; son enceinte n'a de remarquable qu'une chapelle consacrée spécialement au squelette de saint-Saturnin, martyr, et les *corporaux* que, dit-on, sainte-Claire broda expressément pour ce monastère.

LA CONCEPTION.

Au XIV siècle, il fut trouvé par hasard, non loin de la ville de *Pollenza*, au sommet d une colline, une statue en marbre de la Vierge. Une semblable rencontre détermina quelques femmes pieuses à se consacrer à son culte, au point, qu'elles purent, en peu de temps, former un monastère, où allaient se retirer ce que Palma avait de mieux en jeunes filles. Mais au XVI siècle, D. Diego de Arnedo évêque de ce diocèse, jugeant que ce couvent, trop isolé, éloigné de tout recours, était exposé à la fureur des maures détermina, au grand désespoir des religieuses, parmi lesquelles se trouvaient deux sœurs du nom de Bonaparte, et au grand regret des habitans de *Pollenza*, de le faire passer dans cette capitale.

C'est dans l'hôpital de saint-Antoine qu'elles vécurent momentanément; bientôt après elles allèrent habiter le monastère qui existe aujourd'hui, et l'un des plus vastes de la ville. Ces religieuses possèdent encore une pierre sacrée, de couleur noire, rencontrée aussi avec la statue de la Vierge, et où est gravée une inscription avec des caractères fort anciens. L'église est assez spacieuse et renferme quelques tableaux du célèbre Mesquida. Il est aussi un Christ de bois de noyer, sans aucun intérêt artistique, qui jouit d'une grande vénération, laquelle n'a fait qu'augmenter depuis qu'il fut transporté dans ce temple avec les religieuses de sainte-Marguerite. On conserve une noix enchassée richement, fruit de l'arbre qui fut choisi pour la construction de ce Christ, et dans laquelle, disent quelques dévots, il y fut trouvé en la brisant de petites figures représentant Jésus crucifié, et la Vierge sa mère.

SAINT-GÉROME.

L'origine de ce couvent remonte au XV siècle et se doit à la piété de quelques hommes qui sous le titre de béguins s'y retirèrent pour vivre tranquillement en communauté. Ils ne tardèrent pas à l'abandonner, et fut tout aussitôt occupé par des franciscaines du tiers-ordre qui dédièrent leur église à *sainte-Isabelle*. Le séjour de ces pieuses femmes dans ce monastère ne fut pas non plus de longue durée, car au XVI siècle, les religieuses de l'ordre de saint-Gérome l'habitaient déjà. La forme du temple indique assez et le mauvais goût de son auteur et l'époque à laquelle il appartient. Il n'y a seulement de curieux que les deux portes pratiquées l'une à côté de l'autre qui, quoique surchargées de travaux, diffèrent distinctement de style. Les ornemens de l'église sont en nombre et d'étoffes richement précieuses.

N. D. DE LA MISÉRICORDE.

Au XV siècle on édifia sur les ruines d'une synagogue, un oratoire dédié à saint-Barthélémy, et tout contre, la chronique assure, que la municipalité y fit construire une maison de repenties qui, plus tard, se transforma en monastère où vécurent jusqu'en 1837 des religieuses augustines; lesquelles furent transportées à cette époque au couvent de sainte-Magdeleine. Le couvent et l'église n'offrent rien de particulier, si ce n'est que dans le couvent sont les bureaux et le tribunal de première instance, et l'administration de la caisse d'amortissement.

LA CONCEPTION DE L'*OLIVAR*.

Quoique le couvent de ces religieuses franciscaines ait été primitivement construit au XV siècle au sommet de la montagne d'*Inca*, (*) et au suivant

(*) Située presque au centre de l'île et distante de 5 heures au plus de cette capitale, cette ville est célèbre par la foire qui s'y tient tous les jeudis. Il est une diligence qui part et revient de ce point, plusieurs fois la semaine.

transporté dans un bois épais d'oliviers peu éloigné de la ville d' *Esporlas*, (*) et où l'on voit encore le temple situé au bord du chemin qui conduit à *Valldemusa*, il n'en est pas moins certain, d'après ce qu'ordonne le Concile de Trente, que l'évêque de ce diocèse obligea ces religieuses à passer dans la capitale où elles vécurent dans, leur monastère de la rue saint-Michel jusqu'en 1837, époque à laquelle elles furent transférées dans celui de sainte-Claire. L'*Olivar* vient d'être converti en présidio correctionnel.

SAINTE-CATHERINE DE SIENNE.

Ces religieuses, quoique augustines, vivent sous l'ordre de saint-Dominique de Guzman, et doivent l'érection de leur monastère à la générosité de D. Raimundo Despuig qui le dôta largement au XVII siècle. Le temple est de construction moderne, et renferme le maître-autel travaillé par Francisco Herrera, et le somptueux mausolée où repose le fondateur. La façade de l'église présente un agréable aspect, et les ornemens architectoniques de sa porte principale sont d'une assez régulière exécution.

SAINTE-THÉRESE.

C'est à la vénérable Eléonore Ortiz, carmélite du

(*) Célèbre par sa délicieuse maison de plaisance, la *Granja*.

tiers-ordre qu'est due la fondation d'un monastèr de religieuses carmélites-déchaussées, et c'est dan sa propre maison située à la *Rambla* qu'eut lieu l commencement de cette institution. Mais en 161 on vit arriver à Palma quatre religieuses Thérèse sorties d'un des couvens de l'Aragon qui s'étant, ef frontément, rendues maîtresses de ce nouvel établis sement chassèrent d'une façon injuste la pauvre fem me qui avait si généreusement cédé sa propriété La vénérable Ortiz, fut dès-lors, conduite par l'évê- que au couvent de sainte-Marguerite, où elle mou- rut en odeur de sainteté. En 1790 son cadavre fu transporté, en présence de l'autorité éclésiastique dans l'église de l'ex-couvent de N. D. du Mont-Car- mel. Les religieuses aragonaises continuèrent alor à admettre des novices, et sur les fondemens du primitif oratoire firent construire un temple élégant quoique petit, et qui fut dédié à sainte-Thérèse de Jésus. Dans son enceinte est le maitre-autel dû au célèbre artiste Francisco Herrera.

N. D. DE LA CONSOLATION.

D. Geronimo Garau, chanoine de la cathédrale de Palma, conçut, étant à Rome, le projet de fonder un établissement où seraient élevées de pauvres pe- tites filles. De retour dans sa patrie, il se hâta de réaliser son plan, et vers le commencement du XVII siècle il avait déjà la satisfaction de voir accourir à son collège un grand nombre d'enfans que soignaient quelques religieuses de l'ordre de saint-Augustin. Mais après la mort du fondateur ces mêmes reli- gieuses oubliant quel était le bût de cette sage institution, transformèrent peu-à-peu le collège en monastère, malgré l'opposition constante de l'autorité épiscopale, au point qu'en 1837, lorsque ces augustines furent transportées et partagées entre les couvents de sainte-Magdeleine et de la Conception, elles ne comptaient plus parmi leur nombre, aucune élève. Mais le gouvernement, d'accord avec les excellentes idées du chanoine Garau, demanda alors à la reine de lui accorder ce monastère, qui sert aujourd'hui, comme autrefois d'école aux petites filles. L'èglise, quoique peu grande, est assez bien ornée, et renferme le maître-autel de l'architecte Guillermo Torres, et le joli tableau de la Sainte-famille du peintre Bestard.

LES CAPUCINES.

Peu ne fut pas la surprise des majorquins en voyant à la tête des religieuses arrivées d'Aragon pour fonder dans cette capitale un couvent de leur ordre, leur ancienne vice-reine doña Maria Clara Ponce de Leon (*) revêtue humblement de l'habit de saint-François. Le jour même de leur arrivée, en 1662, elles allèrent s'installer dans une maison contiguë à l'oratoire de saint-Félix, d'où elles passè-

(*) Veuve de D. José de Torres, vice-roi et capitaine général de ce royaume, précipité par son cheval, en 1645 au fond du fosset qui entoure la ville. Pour en perpétuer le souvenir on fit dresser sur le lieu-même une croix gothique qui se trouve placée entre la porte *Pintada* et celle de saint-Antoine.

rent ensuite dans une des maisons du quartier *Calatrava*, laquelle servit plus tard de fondemens au Seminaire. Et grace aux aumônes et à l'ardente charité de leurs bienfaiteurs, elles purent faire édifier le couvent qu'elles habitent encore aujourd'hui. L'église est d'une modeste et agréable construction, et l'on y voit dans son enceinte deux chapelles en marbre et jaspe du pays qui, quoique bien travaillées, laissent cependant pour l'exactitude de l'art quelque chose à désirer..

MAISONS DE BIENFAISANCE.

HOPITAL GÉNÉRAL.

Le plus grand bien que la religion ait pu faire à l'humanité pauvre et souffrante, c'est de la dôter d'un établissement où elle put trouver un remède à ses maux, une consolation à ses douleurs. Sous ce rapport, cette maison de bienfaisance remplit toutes les conditions, et placée sous l'immédiate surveillance de la *Diputacion provincial*, celle-ci ajoute encore par ses ressources aux immenses revenus qu'elle perçoit. C'est au zèle infatigable du vénérable religieux Bartolome Catañy, fondateur et gardièn de l'ex-couvent de *Jesus*, (*extrà muros*) qu'est due la pieuse érection de l'hôpital général, ayant eu pleins pouvoirs du pape Pie II et du roi Alonso V d'Aragon en dâte du 29 mai 1456 de concentrer en un seul les différens hospices de ce genre que Palma possédait. L'exigence des secours spirituels envers les malades décida D. Juan de Torrellas à établir, au XVII siècle, un collège composé d'un prieur et de sept desservans. L'église, dédiée à l'Annonciation de la Vierge, est du style gothique, et quoique assez spacieuse, elle peut à peine contenir le grand nombre de fidèles qui, continuellement vont s'y presser: les saints objets qu'elle renferme en sont un motif puissant. Là, est la statue, en marbre blanc, de N. D. du Mont-Carmel, ouvrage antérieur au XV siècle, et qui appartint à l'ex-couvent du même nom. Elle est placée sur le maitre-autel, à l'endroit même qu'occupa long-temps une autre statue antique, de marbre blanc aussi, appelée N. D. de Majorque, vénérée à présent dans une des chapelles latérales. Là est encore N. D. de Bethléem ou de la Crèche, (*) et puis un Christ attaché à la croix de grandeur naturelle qui a remporté constamment, par la manière dont il est travaillé, les suffrages de tous les connaisseurs. Ce Christ, désigné sous le nom de *la Sanch*, est promené processionnellement dans toute la ville le jour du Jeudi-saint. Dans sa chapelle, ornée d'*ex-votos*, il est plusieurs peintures représentant les mystères de la passion exécutées par des artistes majorquins du XVII siècle. Derrière cette chapelle est le sépulcre où reposent les restes vénérables du fondateur. Sans cette église, l'hôpital en possède une autre placée, non loin de là, à l'entrée d'un petit cimetière appelé le champ *Roig* du nom de D. Mateo Roig qui en ceda à

(*) Cette chapelle, lors de la suppression du monastère de *Jesus* (*extrà muros,*) fut transportée telle et quelle elle existait dans ce couvent.

cet effet sa propriété pour que les pauvres, décédé y pussent être ensevelis. A côté de ce cimetière il était un amphithéâtre anatomique qui fut ensuite compris dans les plans de construction de la Miséricorde et pour le remplacer on pratiqua dans l'enceinte même du cimetière une petite salle destinée aux expériences autopsiques. L'hôpital général sert aussi d'asile aux malheureux insensés.

N'oublions pas enfin d'indiquer, que l'hospice de *Santa Catalina* des pauvres, fondé dans le courant du XIV siècle, par D. Ramon Salellas dans le bût de secourir 12 pauvres marchands ou marins, fait depuis 1842 partie de l'hôpital général qui s'est chargé de respecter et de remplir les conditions de cet établissement. L'édifice, et l'oratoire dédié à sainte-Catherine vierge et martyre, ont été changés en magasins.

HOPITAL DE SAINT-ANTOINE.

C'est peu de temps après la conquête de l'ile que cet établissement fut fondé, et dans son enceinte il n'y était admis et traités que les pauvres gangrenés. Jacques I en céda le terrain, à la rue de *saint-Michel*, aux hospitaliers de saint-Antoine, et quoique cet ordre ait été aboli en Espagne par Charles III, l'hopital n'en a pas moins subsisté sous la direction d'un commandeur. Vers le milieu du siècle dernier D. Damian Gelabert, étant alors chargé de cet emploi, fit, d'après les plans de l'architecte Antonio Mesquida, réédifier le cloître et l'église, qui sont d'une excellente exécution. L'intérieur du temple présente une sorte de rotonde et contient le maitre-autel en marbre et jaspe du pays qui, sauf, quelques négligences, est d'un assez joli effet.

L'église de saint-Antoine de Padoue, située non loin de la porte du même nom, et édifiée par des religieux franciscains, appartient aussi depuis le XV siècle, époque de leur extinction par le pape Pie V, à l'hôpital de saint-Antoine.

HOPITAL DE S.-PIERRE ET DE S.-BERNARD.

La nécessité de secourir les pauvres éclésiastiques malades fit, dans le courant du XVI siècle, naitre dans l'esprit du chanoine D. Juan Borrás l'idée d'établir un asile qui obtint dès son principe un grand nombre de bienfaiteurs. Et les indulgences du Pontife attachées à chaque bienfait aidèrent à augmenter, chaque jour, davantage l'ardente charité des fidèles envers un semblable établissement. Aussi acquit-il sous peu des biens considérables, lesquels administrés par le clergé de la cathédrale servent encore aujourd'hui au soulagement des malheureux. L'édifice, quoique petit, est assez bien distribué. L'intérieur forme trois compartimens: dans le premier, qui est au centre, sont les bureaux, la caisse et les archives de la maison; les deux autres servent, l'un d'habitation pour les malades, et l'autre d'oratoire. On y vénère, en relique, le bonnet du béat Alonso Rodriguez. La façade de cet hospice, quoique de moyenne architecture, contient les statues de la Vierge, de saint-Pierre et de saint-Bernard, qui ne laissent pas d'avoir quelque mérite.

HOPITAL MILITAIRE.

Le curieux aurait, sans doute, trouvé fort étrange que les militaires n'eussent pas aussi leur hospice particulier. Celui-ci, sans réunir les avantage des autres établissemens de ce genre, n'en a pas moins toutes les commodités. Quant à l'édifice, rien ne vaut la peine d'être cité.

HOSPICE DES ENFANS-TROUVÉS.

Cet établissement fut toujours attaché à l'hôpital général, et ce n'est que vers la fin du siècle dernier que, par ordre du gouvernement, il cessa d'en faire partie. On destina pour ces malheureux enfans une maison particulière située au *borne* sainte-Claire, Le zèle protecteur de D. Pedro Rubio, alors évêque de ce diocèse aida beaucoup à l'entretien de ce pieux hospice, qui, au commencement de ce siècle changea de nouveau de place et fut transporté à la rue d'*els Olms*. On n'avait pas songé jusqu'à ce jour de donner à cet asile une forme analogue à son institution: mais on l'a jugé à présent convenable pour le distinguer d'entre les maisons qui l'environnent. Il était temps. L'oratoire n'a rien de curieux, si ce n'est qu'il renferme des fonts baptismaux et qu'il est dédié à saint-Sébastien, patron de Palma.

LA MISÉRICORDE.

C'est là l'hospice qui, sans distinction d'âge ni de sexe, admet généralement tous les pauvres de l'ile. L'origine de cet établissement remonte à l'année 1677 et eut lieu dans une des maisons de la rue de la *Capelleria* préparée à cet effet par la pieuse charité du V. martyr Ignacio Fiol de la compagnie de Jésus. Mais la petitesse du local obligea bientôt les personnes chargées de l'administration de cet établissement à se procurer un asile capable de contenir largement les malheureux qui s'y abritaient, et, c'est dans quelques maisons situées au bas des remparts, tout près de l'hôpital général que la Miséricorde fut dès-lors transférée. Là, grace aux aumônes et au zèle persévérant des respectables chanoines D. Miguel Serra et D. Juan Ferrá on vit succéder, à de mesquines habitations, un grandiose édifice, commencé en 1817, d'après les plans de l'architecte D. Juan Bauzá. Cet édifice, dès qu'il sera terminé, peut être considéré comme un des plus vastes que l'Espagne ait dans son genre. Les salles intérieures sont spacieuses et fort bien distribuées; et, hommes, femmes, enfans, là chacun est employé à des travaux de toute sorte analogues et à leur âge et à leur force. Sous ce point de vue cet établissement est on ne peut plus recommendable, car en même temps qu'il remplit les loisirs de personnes que peut-être par leur conduite la société eut réprouvées, on y voit aussi l'industrie progresser chaque jour et couvrir peu à peu les grands fraix quotidiens attachés à cette maison. La direction en est confiée à un prieur et à un sous-prieur, lesquels sont sous la dépendance de la Société de bienfaisance créée par le gouvernement. L'oratoire de cet hospice est dédié à N. D. des Douleurs, et cela à cause des sept autels qui appartinrent à l'ex-couvent du saint-Esprit et qui, lors de sa suppression, furent transportés dans cette chapelle. Les tableaux de chaque autel, représentant un mystère, sont dus aux peintres Salvador Sancho et Guillermo Torres.

N. D. DE LA PIÉTÉ.

L'idée de créer un asile pour les pauvres repenties remonte à l'époque de la conquête. En effet nous voyons que leur premier hospice dedié à sainte-Magdeleine ne devint couvent qu'au XIV siècle. Qu'au suivant il en fut construit un autre que remplaça plus tard le monastère de N. D. de la Miséricorde. Et qu'enfin, au XVI siècle on dut au saint-zèle du V.P. Rafael Serra religieux cordelier d'ériger pour la troisième et dernière fois un semblable établissement, et c'est celui que le curieux peut voir aujourd hui. L' intérieur de cette demeure est divisée en deux parties; l'une contient des franciscaines du tiers-ordre et l'autre les malheureuses que le repentir de leurs fautes ont conduit dans ce séjour. L'oratoire est petit et fort peu curieux. Dans son enceinte repose le vénérable cadavre de la religieuse Marie Rose Viau native de Cavayon, – France, – et morte dans cet hospice en 1832. Dans le vestibule sont appendus quelques portraits des bienfaiteurs de cette maison, laquelle est à présent sous la protection du Conseil municipal de la ville.

LES ORPHELINES.

Sous le titre de *Sancti Espiritus de Roma*, on désignait anciennement une maison instituée au XVI siècle pour y recueillir les petites orphelines. Mais malheureusement, les rentes de cet établissement ne suffisant pas aux fraix qu'occasionneraient un trop grand nombre de ces infortunées, on s'est quelque fois vu dans la douloureuse extrémité de ne pouvoir pas admettre toutes celles qui se sont présentées. Cet hospice est à présent placé sous la sauvegarde de deux chanoines et de plusieurs individus du gouvernement provincial; et n'étaient la protection de ces personnages, le peu de bénéfice que produit l'éducation de quelques jeunes filles externes, et la pieuse charité de tout le monde, cet intéressant asile pourrait à peine subsister, L'administration intérieure en est confiée à une respectable directrice. La chapelle de cet établissement est gothique; son maitre-autel l'était aussi, mais il fut remplacé par celui de N. D. de la Solitude qui existait dans l'ex-couvent de saint-François de Paule. Là furent aussi transportées de ce même couvent les chapelles du béat Gaspar de Bono et du béat Nicolas. Celles de saint-Vincent et de la Conception appartinrent au somptueux monastère des dominicains, et le Christ qu'on y vénère est le même qui était placé dans l'ancien oratoire de saint-Nicolas-le-vieux.

ENSEIGNEMENT SUPÉRIEUR

INSTITUT BALÉAR.

Cet établissement a remplacé l'ancienne université désignée en premier lieu sous le titre de Lulienne, en mémoire de son patron Raimundo Lulio, et ensuite de littéraire, avec les épithètes de royale et de pontificale. Son origine remonte au XV siècle, et c'est à Ferdinand le Catholique qu'en est dû le privilège de son érection. En 1830 Ferdinand VII en fit un seminaire, mais à la mort de ce monarque on se hâta de le transformer en institut. Et les chaires de Jurisprudence, de Philosophie, d Humanité, de Mathématique, de Physique, de Chimie, de langues Latine, Grecque, Anglaise et Française, furent dès-lors ouvertes à la jeunesse studieuse. En 1840 les *prononcés* de septembre furent d'avis de rétablir encore l'université; mais en dâte du 10 août 1842, la régence d'Espartero annula ce changement, et ordonna que cet établissement reprit de nouveau le titre d'Institut Baléar.

N. D. DE LA *SAPIENTIÆ*.

Ce collège fut fondé en 1635 par l'illustre chanoine D. Bartolome Lull, dans le dessein d'y admettre douze pauvres étudians. Les sages réglemens de cette institution furent approuvés par le pape Urbain

VIII, et le fondateur la dôta ensuite largement pour que les collégiens pussent commodément vivre de leurs rentes. Les élèves de cette maison étaient expressément obligés, et le sont encore aujourd'hui, de suivre pendant l'espace de huit ans les cours éclésiastiques ouverts dans les classes de l'université et la doctine Lulienne; de cette façon cet établissement acquit-il sous peu une grande renommée par la pépinière d'hommes illustres qui sortirent de son sein. En effet si nous consultons ses annales nous voyons que Majorque lui est redevable d un évèque de ce diocèse, (*) de quinze chanoines, (**) de six vicaires généraux, d'un abbé mitré, (***) de trois recteurs de l'université, de cinquante professeurs de diverses classes et d'un grand nombre de curés et de savans qu'il serait trop long d'énumérer. L'édifice de cet utile établissement n'offre aucune particularité artistique.

SEMINAIRE.

C'est en 1700 que D. Pedro de Alagon archevêque évêque de ce diocèse fonda et dôta cet établis-

(*) D. Bernardo Nadal.

(**) Entre ces chanoines nous rappelerons le nom de don José Amengual, auteur de beaux sermons, et celui du défunt D. Simon Bordoy, dont les discours sont à peine sortis de la presse.

(***) D. Antonio Raimundo Pascual, auteur de différens ouvrages fort estimables.

sement pour l'entretien de seize Séminaristes, san pour cela en exclure ceux qui se présenteraient com me pensionnaires. L'édifice fut érigé avec magni ficence par D. Francisco Garrido de la Vega évêqu de Majorque. Dans la cour intérieure il est de inscriptions latines qui apprennent quel fut l'objet d cette institution. Le diocèse de Majorque lui doi aussi un grand nombre de personnages fort recom mendables.

ÉCOLE NORMALE.

Cet établissement a été créé en 1842 dans une partie de l'ex-couvent de saint-François d'Assise, et basé sur les réglemens des écoles normales françaises. La direction en est confiée à D. Francisco Riotord.

Maintenant, sans ces institutions que nous venons de citer, il est un grand nombre d'écoles primaires consacrées à la première éducation de l'enfance, et quelques enseignemens particuliers de langue étrangère.

COLLEGE DE LA *CRIANZA*.

Au commencement du XVI siècle une sainte femme appelée Isabel Cifra, aidée des lumières du chanoine D. Gregorio Genovard, fonda cet établissement pour l'éducation des jeunes filles appartenant aux familles les plus distinguées de la cité. Il est à remarquer, disent les mémoires, que parmi les élèves de cette maison, il était à cette époque une fille du roi de Bougie, sœur, sans doute d'un fils du même Monarque que le chroniste Binimélis cite comme faisant partie en 1520 de la suite attachée au vice-roi D. Miguel de Gurrea. Cet établissement fut primitivement placé sous le patronnage des jurés du royaume, auxquels a succédé le Conseil municipal. Dans son enceinte on y voit un tableau dû au célèbre Juan de Juanes, et plusieurs peintures sur bois d'un mérite régulier. On conserve dans l'oratoire une urne gothique où sont retracés, en relief, les traits de la vénérable fondatrice, dont le cadavre repose dans la chapelle de saint-Bernard de la Cathédrale.

N. D. DE LA PURETÉ.

D. Bernardo Nadal, évêque de ce diocèse créa en 1813 dans une des maisons situées derrière l'église de saint-Gatéan, ce collège pour l'éducation des demoiselles. L'année d'après, cet établissement fut transféré dans la propriété de la famille des Desclapes que l'illustre fondateur avait acquis à cet effet. Depuis cette époque les ouvrages exquis sortis de ce collège n'ont fait que justifier complétement la renommée qu'il mérita dans son origine. Sans doute, qui ne s'extasierait devant les ouvrages de la digne directrice doña Maria Ferrer. Ses beaux tableaux brodés représentant *Rébecca*, *Henri II chez Diane de Poitiers*, (*) sont au-

(*) Il fut offert par cette dame à la défunte reine Amélie,

tant de chef-d'œuvres qui immortaliseront à jamais le nom de leur auteur. C'est qu'il parait impossible que l'art ait pu vaincre les mille difficultés attachées aux imperceptibles sinuosités d'une aiguillée de soie, et que le génie ait réussi à lui donner ces formes variées qu'exigent les nuances d'une peinture, et que seules peuvent atteindre les touches d'un pinceau habilement manié. En présence de telles merveilles de l'art, l'œil le plus fin doit aisément s'y tromper. Sans ces labeurs de premier ordre, il en est quantité d'autres dignes des plus grands éloges, mais que nous nous abstiendrons de citer pour ne pas détruire d'avance l'impression du curieux. Le collège de la Pureté ne peut que s'énorgueillir d'avoir à sa tête une semblable supérieure laquelle, joint à son âme d'artiste, toutes les qualités d'une femme vertueuse.

Cette maison est sous l'auguste patronnage de S. M., et c'est pourquoi sur sa façade on y voit sculpté, son royal écusson.- L'oratoire de ce collège n'a rien de rémarquable.

Nous rappelerons ici que les établissemens de N. D. de la Consolation et des Orphelines sont placés aussi au nombre des collèges, et que sans ceux-là il est encore, pour les petites filles, une grande quantité d'écoles particulières.

épouse de Ferdinand VII, un magnifique tableau représentant la *Conception*.

ACADÉMIES.

SOCIÉTÉ ÉCONOMIQUE DES AMIS DU PAYS.

Cette société, comme presque toutes celles d'Espagne, doit son origine au pouvoir régénérateur de Charles III. Dans son principe les noms les plus remarquables de l'ile étaient inscrits sur ses catalogues, et grâce à l'enthousiasme de la nouveauté vit-on se multiplier les opérations de cette assemblée qui eurent pour résultat un nombre infini de mémoires relatifs à l'industrie, au commerce, aux arts; comme aussi la fondation de plusieurs écoles, de dessin, de mathématique, et de grammaire espagnole. Mais hélas! cet enthousiasme fut de peu de durée, et la société en vint au point de n'être plus qu'un souvenir. Cependant, après la mort de Ferdinand VII les membres voulurent, avec l'ère de liberté qui s'ouvrait pour l'Espagne, donner encore à cette institution sa première vigueur, et à son existence éphemère dut-on le renouvellement de quelques mémoires et plusieurs expositions publiques.

Palma a eu, comme dans toutes les villes où vivent des gens de lettre plusieurs académies, qui n'ont pu subsister que passagèrement à cause du manque de protection de la part du gouvernement. Il n'y a pas long temps encore que, grâce au zèle d'un sage littérateur, il était question de fonder une *Académ de Littérature, d'Antiquités, et de Beaux-Arts*; ma lorsqu'on n'attendait déjà plus que l'autorisation d S. M. pour mettre en œuvre une aussi louable idé malgré la protection que lui dispensait le chef d la préfecture, on vit arriver, au grand étonnemen des amis du progrès, un décret royal qui ordonna la dissolution de cette assemblée. — Quel en est l motif? pensait-on. Nous ne tardâmes, pas à le dé couvrir. Le gouvernement ayant aussi le dessein d créer des académies, et qui sous des titres différen que celui qu'avait proposé notre compatriote auraien le même objet, ne se hâta pas trop de satisfaire au désirs du fondateur, et ce qui ne devait être qu'un assemblée de *Littérature, d'Antiquités, et de Beaux-arts* fut transformé quelque tems après en *Députation archéologique* et en *Académie de sciences naturelles et exactes de littérature et arts des Baléares.*

DÉPUTATION ARCHÉOLOGIQUE.

Cette assemblée établie en 1844 par ordre du gouvernement est une des nombreuses ramifications d l'*Académie archéologique espagnole* créée à Madrid en 1837. Le bût de cette institution est de veiller constamment à la conservation de nos monumens, tant anciens que modernes, et de recueillir soigneusemen tous les objets relatifs à notre histoire. —*La Société artistique*, fait aussi maintenant, partie de cette Députation.

ACADÉMIE

de sciences naturelles et exactes, de littérature et arts des Baléares.

Le titre de cette institution créée en 1845, esplique assez clairement quel fût le bût du fondateur; et nous ne doutons pas que, grâce au zèle intelligent et protecteur des personnages qui composent cette assemblée, la province des Baléares n'ait à se louer des progrès que la littérature, les sciences et les arts feront chaque jour davantage.

SOCIÉTÉS PHRÉNOLOGIQUES.

C'est en 1844 que plusieurs sociétés de ce genre ont été établies. Leur origine en est due aux expériences publiques et particulières, lors de son passage en cette ville, du célèbre phrénologue espagnol D. Mariano Cubi y Soler. — Le Mesmérisme, ou pour mieux dire le magnétisme, a, tout comme la phrénologie, rencontré aussi parmi nous des prosélytes.

ACADÉMIE ROYALE

de Médécine, et de Chirurgie des iles Baléares.

Cette société, fondée en 1831, doit son origine à un ordre du gouvernement. Il faut pour y être admis que les facultatifs aient présenté quelques r moires relatifs aux maladies générales ou particul res. Les membres de cette société ont le soin de v ciner gratis, dans diverses époques de l'année, t les enfans qui leur sont présentés dans une salle *Montesion* où se célèbrent leurs assemblées.

CONSEIL PROVINCIAL DE SALUBRITÉ.

Ce conseil se compose du préfet, comme préside du capitaine général, de l'évêque, de quelques me bres de la *Diputacion* provinciale, de divers indi dus du conseil municipal, de plusieurs médecins autres personnages. – Il est aussi un conseil mur cipal de santé.

Majorque avait déjà au XV siècle la *Morber* qui était une sorte de société sanitaire avec s privilèges et ses réglemens.

BIBLIOTHEQUES.

BIBLIOTHEQUE PROVINCIALE.

Cette bibliothèque doit son origine à celles q existaient dans les nombreux couvens de Majorqu et dont les plus remarquables étaient, en premi lieu: celle des Capucins, qui renfermait une gran quantité de manuscrits, due au zèle du père Lu de *Villafranca*; ensuite celle des Franciscains, dont les œuvres choisies appartinrent au père Buenaventura Bestard, commissaire général des Indes; et celle enfin des Dominicains, qui s'était grandement augmentée des bibliothèques particulières des pères Puygserver, Español et Soler. A la sortie des religieux, le gouvernement ordonna que toutes les bibliothèques appartenant aux ex-monastères fussent transportées dans l'édifice de *Montesion*, où étaient d'avance réunies celles des Jésuites et de l'Université littéraire, dans le dessein d'en former une générale et publique qui aurait le titre de Provinciale. Et c'est sur ces élémens que s'éleva la grandiose bibliothèque que le curieux peut voir aujourd'hui, et qui, sans doute serait une des meilleures que l'Espagne posséderait, si tous les volumes et les bons ouvrages dont se composaient les bibliothèques monacales eussent été scrupuleusement recueillis et préservés.

BIBLIOTHEQUE ÉPISCOPALE.

D. Pedro Rubio, évêque de ce diocèse, dut de former une bibliothèque à la première expulsion des Jésuites; car, c'est sur les dépouilles de celle qui appartenait à ces exilés qu'il créa celle qui existe encore dans ce palais. Pour en assurer ensuite sa conservation, ce digne prélat pensionna, aussitôt après l'autorisation de Charles III, deux bibliothécaires, sur les revenus de sa mitre. Entre ceux qui obtinrent cet emploi, nous citerons Don Guillermo Ramon, savant éclésiastique, qui, à sa mort lègua sa bibliothèque particulière à celle du palais épiscopal, laquelle s'enrichit alors d'un gran nombre d'ouvrages modernes.

BIBLIOTHEQUE DE LA *SAPIENTIÆ*.

Cet établissement possède une assez régulièr bibliothèque, est qui s'est augmentée encore pe à peu des volumes que lui out légué à leur mor des ex-collégiens. Sans doute aujourd'hui cette bibliothèque serait nombreuse et choisie si cett maison n'avait pas souffert de fréquens contretemps Elle renferme presque entièrement les ouvrages de Raimundo Lulio.

BIBLIOTHEQUE DU SÉMINAIRE.

Cet établissement a, aussi, sa bibliothèque. Elle renferme de nombreuses éditions des Saints-Pères, une grande collection d'ouvrages relatifs aux études éclésiastiques, et des histoires civiles et philosophiques.

Sans ces bibliothèques que nous venons de citer il en est encore un grand nombre de particulières, appartenant aux personnes les plus distinguées de la ville, lesquelles se font un vrai plaisir de les montrer aux curieux voyageurs. Nous placerons en première ligne celle de

M. le Comte de Montenegro.- Cet illustre et noble personnage possède dans son palais une grande partie de la bibliothèque de feu son oncle le savant Cardinal D. Antonio Despuig. Le nombre des ouvrages choisis qui la composent eut été plus grand encore si, pendant son trajet de Rome à Majorque, des corsaires anglais n'en avaient pris une bonne part. Cependant ce qu'il en reste suffit assez pour ne pas démentir l'excellente renommée qu'elle a acquis entre les majorquins. Parmi les collections d'Atlas et les ouvrages de Cosmographie, le curieux sera, sans doute, bien aise d'y voir une carte maritime sur parchemin que composa, dans le courant du XIV siècle, le célèbre hydrographe majorquin Gabriel de Valseca, et qu'acquit, d'après une note écrite par lui-même au dos de cette carte, Americo Vespusio, pour 130 *ducati de oro di marco*. Il est fâcheux que nous ayons à déplorer, par la maladresse d'une personne de la suite de George Sand, lors de la visite de cet auteur à cette bibliothèque et au moment de l'examen de cet ouvrage, la chûte d'un encrier, qui, non seulement a dégradé en plusieurs endroits le mérite de ce curieux travail, mais presque effacé aussi le nom de son auteur.

M. le Marquis de la Romana. — Ce noble personnage doit aux fréquens voyages et à l'illustration de son père le célèbre général D. Pedro Caro y Sureda, Marquis de la Romana, de posséder une bibliothèque qui passe pour la meilleure de la capitale. Elle contient un grand nombre de belles et rares éditions.

M. le Comte de Ayamans, possède aussi une assez régulière bibliothèque, et qui renferme des ouvrages excellens. Elle fut commencée, vers le milieu du siècle passé, par un de ses alliés le chanoine Togores.

D. Juan Muntaner y Garcías, gouverneur de ce diocèse. – Cet illustre et savant écclésiastique, sans avoir une grande bibliothèque, possède une collection d'œuvres remarquables.

D. Antonio Furió, chroniste de Majorque. Ce laborieux antiquaire possède une bibliothèque qui renferme entre le grand nombre d'ouvrages qui la peuplent, une infinité de manuscrits, et un nombre considérable de rares éditions.

D. Geronimo de Alemañy. -Ce savant personnage, arrière petit-fils du chroniste du même nom, a joint aux nombreux volumes qu'il hérita de son parent, une grande collection d'œuvres choisies tant en poésies, comme en sciences naturelles et exactes, qui lui ont valu une bibliothèque assez recommendable.

D. Francisco Truyols, archidiacre. - Cet illustre écclesiastique a pu réunir, grace à une dispendieuse activité, une bibliothèque qui est à la fois nombreuse et choisie.

M. le Marquis de Campofranco. Il est dans les salons de ce personnage, une bibliothèque qui renferme, entre ses rares éditions, une grande quantité de livres manuscrits, lesquels appartinrent au chroniste D. Buenaventura Serra, un buste en marbre de Metelo, trouvé dans la ville d'*Alcudia*, et d'autres curiosités.

D. Miguel Capdebou. - Le bût de ce jeune homme a été de réunir les nombreux ouvrages de nos écrivains, tant anciens que modernes, publiés à Majorque, et cette curieuse collection, commencée en 1844, ne laissera pas d'enfaire bientôt une bibliothèque vraiment *Baléare.*

-Nous n'en finirions pas si nous continuions d'énumer les nombreuses bibliothèques appartenant encore à des particuliers. Par cette légère esquisse, le curieux pourra se former une idée du goût des lettres qui règne parmi les majorquins.

MUSÉES.

MUSÉE PROVINCIAL.

Palma à vrai dire n'a jamais possédé de grands musées publics, car celui que le curieux peut parcourir à présent est dû, comme la bibliothèque de la ville, à l'expulsion des moines. Cependant il n'est pas une maison particulière qui ne compte parmi sa collection de tableaux qui ornent ses salons, des peintures on ne peut plus précieuses. Ainsi donc, aussitôt après la sortie des religieux le gouvernement ordonna de recueillir toutes les toiles qui recouvraient les églises et l'intérieur des monastères, et qu'elles fussent momentanément déposées, pêle-mêle, dans l'ancien édifice d'*el Estudio general.* (*) Mais voyant l'abandon dans lequel gisaient un grand nombre de peintures l'autorité, avisa peu de temps après aux moyens de les faire transporter dans diverses salles de *Montesion*, où brillent àprésent, comme elles le méritent, entre une infinité de tableaux, celles des mystères du Christ et de Marie, celle de Saint-Bruno devant un squelette, œuvres du chartreux Juncosa; celles de Ribera, quoique un peu détériorées; celles de Bestard, et quelques portraits, enfin de Mesquida.

(*) Ci-devant Université littéraire. Aprésent école gratuite de dessin.

Nous devons considérer comme faisant partie du musée public, celui qui existe dans l'hôtel de ville à cause, nous le répétons, de la collection de portraits des Majorquins illustres; ainsi que le Cabinet d'histoire naturelle, qu'en 1843 la députation provinciale établit dans une des salles de l'ex-couvent de saint-François d'Assise, d'après les instances de son fondateur D. Francisco Riotord.

MUSÉES PARTICULIERS.

Nous allons sous ce titre faire connaitre aux curieux, comme nous l'avons déjà fait pour les bibliothèques, le nom des personnes qui possèdent de nombreux tableaux, des collections d'histoire naturelle, des fragmens d'antiquités et des médailliers.

Mme. la Marquise, veuve de Ariañy.- Cette noble dame possède dans la maison qui vit naitre les deux grands-maitres Cotoner, diverses salles recouvertes toutes de peintures appartenant aux auteurs célèbres des écoles nationales et étrangères. Entre les plus remarquables se dressent, radieuses, plusieurs têtes de Rembrandt, y compris son portrait, et une nombreuse quantité de tableaux dûs au chevalier Matías, à Mesquida, à Rubens, à Guido Reni, à Titien, au Corrège et à d'autres peintres les plus en renom.

M. le Comte de Montenegro.- Les alliés de ce noble seigneur ont su concentrer dans leur hôtel, berceau aussi d'un grand maitre de l'ordre de saint-Jean, les lettres et les beaux-arts; l'agréable et l'utile s'y donnent généreusement la main. Après avoir parcouru la bibliothèque et les curiosités qu'elle renferme, le voyageur sera sans doute bien aise de visiter aussi les salons où sont appendus des tableaux de toute sorte: Raphael, Sancio de Urbino, Andrea del Sarto, Wandick, Murillo, Zurbarán, Ribalta, l'Espagnolet et tous les professeurs qui rendirent fameux le siècle qui les vit naître, et dont le génie fit époque, dans l'histoire des beaux-arts, ont tous là un souvenir incessamment éveillé par l'enthousiaste admiration qu'inspire un grand nom. Il est aussi des ouvrages dans le genre gothique, des bambocbes flamandes et de beaux paysages parmi lesquels on en voit quelques uns du majorquin Femenia. Outre ces salons, il en est un expressément destiné pour contenir les gravures au nombre desquelles est la collection de Morghen, et un autre non loin de la bibliothèque, où est renfermé un riche et considérable médaillier. Au sortir de cette longue visite le curieux croira sans doute en avoir fini avec les merveilles de cette maison. Pas du tout. M. le Comte possède encore dans son lieu de délices, dans *Raxa* (*) une précieuse collection de statues de marbre et de bronze, un grand nombre de bustes, de bas-reliefs, d'inscriptions et autres antiquités, fruit de l'excavation que fit faire à la *Ricci* le cardinal Despuig. Ce musée, sans contredit, peut être regardé comme un des meilleurs qu'ait jamais possédé un particulier.

D. Pedro Vert.– Les salons de ce personnage présentent aussi au curieux une collection d'ex-

(*) Non loin de cette maison de plaisance et sur la route même qui conduit à *Soller*, ville célèbre par ses orangers, est situé aussi un lieu charmant appelé *Alfabia*, ancienne résidence d'un riche seigneur maure.

cellens tableaux, entre lesquels est Adam et Eve de Solimena, le Philosophe de Mengs, un Christ de Raphael, et des caricatures de Goya.

D. José España, a considérablement augmenté la collection de peintures qu'avait acquis feu son père, le comte España, et formé les premiers élémens d'un médaillier.

M. le Comte de Ayamans, possède quelques excellentes peintures et un médaillier qu'acquit son parent le chanoine Togores, et qu'a avantageusement augmenté son actuel possesseur.

D. Antonio Furió. – Cet écrivain possède divers tableaux, une collection d'antiquités, quelques fragmens des règnes concernant l'histoire naturelle et et un remarquable médaillier.

M. le Comte de Santa-María de Formiguera, possède un cabinet d'histoire naturelle et un commencement de médaillier.

D. Bernardo Salas. Les salons de ce personnage renferment aussi d'excellentes peintures, la plupart acquises par son oncle le brigadier D. Juan Salas. Le nombre des médailles que possédait cet érudit militaire était incalculable; mais à sa mort, sans respect pour leur mérite, elles furent vendues par ses héritiers. Et sans compter celles qui passèrent à l'étranger, les amateurs purent encore de celles qu'ils se procurèrent augmenter grandement leurs médailliers.

D. Joaquin María Bovér.- Cet infatigable antiquaire a en son pouvoir quelques curieuses antiquités, et un assez recommendable médaillier.

D. Jaime Conrado, possède quelques objets d'histoire naturelle et un médaillier.

D. Jaime Antonio Prohens, outre sa collection de médailles, possède quelques antiquités, et un grand nombre de peintures sur bois appartenant au XIV et XV siècle.

D. José María Serrá, possède une assez jolie collection d'objets d'histoire naturelle.

D. Francisco Manuel de los Herreros.- Ce jeune écrivain a déjà posé les fondemens d'un cabinet d'histoire naturelle.

CASINOS.

CASINO PALMÉSANO.

Ce cercle fut créé en 1840 pour y recevoir l'aristocratie de Palma. En affet, là, tout y sent son bon ton. Dans les jolis appartements de ce séjour, il est des distractions de toute sorte, et notamment dans la saison rigoureuse où les bals de famille et de choisis concerts y réunissent les privilégiés de la haute et belle societé. Cependant les membres de cette réunion se font un vrai plaisir d'y laisser pénétrer le curieux étranger.

CASINO BALÉAR.

C'est en 1840 que cette maison fut établie, principalement par les négocians, dans l'objet d'y donner journellement rendez-vous au Commerce. En hiver les vastes salles de ce cercle sont aussi ouvertes aux divertissemens du carnaval.

TRIBUNAUX.

AUDIENCE TERRITORIALE.

C'est là, le premier tribunal civil de la province. Son institution remonte au XVI siècle. Il est composé d'un président, de six juges, d'un fiscal, d'un agent-fiscal lettré, de deux rélateurs, d'un chancelier, d'un sécrétaire, de deux greffiers, et de douze procureurs royaux. Il est deux salles d'appellations pour tous les faits civils et criminels jugés par les magistrats des partis de sa juridiction.

TRIBUNAL DE PREMIERE INSTANCE.

Ce tribunal a remplacé celui de l'Alcalde *mayor*, et se compose d'un juge, d'un promoteur-fiscal, d'un sécrétaire, de quatre greffiers et d'un nombre considérable de procureurs. Le nombre de ces individus vient d'être réduit à six.

Le maire de la ville et ses adjoints sont autant de juges de paix; et l'on ne peut faire aucune demande par voie judiciaire, sans, au préalable, avoir intenté un moyen de réconciliation devant un de ces magistrats.

TRIBUNAL MILITAIRE

Ce tribunal se compose du Capitaine général, l'un assesseur lettré, d'un fiscal lettré, d'un procureur-fiscal et d'un greffier.

Les corps d'artillerie et d'ingénieurs, ont eu, jusqu'à ce jour, leur tribunal particulier.

TRIBUNAL DE MARINE.

Ce tribunal est composé du commandant de marine, d'un auditeur lettré, d'un fiscal et d'un greffier.

TRIBUNAL DE COMMERCE.

Ce tribunal se compose d'un *prieur*, de deux *consuls*, individus appartenant au commerce, d'un assesseur lettré et d'un greffier.

La *junta* de commerce est présidée par le *prieur* lu tribunal et par un sécrétaire. Ces deux corps ont eur assemblée dans une des salles de l'édifice situé lerrière la bourse.

TRIBUNAL DE LA SUBDÉLÉGATION DES RENTES.

La présidence de ce tribunal en revient de droit

au chevalier Intendant, et est spécialement char de tout ce qui a rapport aux revenus de la couronr

Il est aussi dans cette capitale un agent placé p S. M. dans l'objet de percevoir les immenses rev nus attachés à son patrimoine. Il était ancienneme nommé Procureur royal; aujourd'hui il est désig sous le nom de *baile* général. Il a un trésorier et l employés nécéssaires aux bureaux de cette admini tration.

TRIBUNAL ÉCLÉSIASTIQUE.

Ce tribunal se compose du vicaire général, r éclésiastique doit être docteur en droit, et est nom mé par S. M., d'un fiscal, d'un procureur fiscal, d'u sécrétaire, de trois greffiers et d'un archiviste.

TRIBUNAL *CASTRENSE.*

C'est ainsi qu'est appelé le tribunal éclésiastique militaire, et se compose d'un vicaire général, cha-noine, d'un fiscal et d'un greffier.

TRIBUNAL DE *CRUZADA.*

Ce tribunal se compose d'un chanoine, juge délé-gué par le Commissaire général résidant à Madrid d'un greffier, et autres individus attachés à cette ju-ridiction dans le bût de répandre des bulles, dont l'origine remonte aux différentes guerres intentées pour l'expulsion des maures d'Espagne. Le produit du rescrit pontifical, rempli d'un nombre incalculable d'indulgences, est destiné ensuite à couvrir les frais du tribunal et à faire quelques pieuses aumônes.

TRIBUNAL DE *ESPOLIOS Y VACANTES*.

Ce tribunal se compose d'un receveur qui est un chanoine, d'un greffier et autres individus chargés, à leur mort, des dépouilles des évêques et des revenus éclésiastiques appartenant aux chanoines et aux bénéficiers, jusqu'au jour où ils sont remplacés.

MAISON DE LA *HUERTA*.

L'institution de ce tribunal remonte à une époque fort ancienne. Il est chargé des faits relatifs à la distribution de l'eau qui correspond à la ville et aux jardins potagers de ses environs.

Pour la défense des causes pendantes dans tous les tribunaux de Palma, il est un Collège d'avocats institué vers la fin du siècle dernier, et un Collège de procureurs fondé vers le milieu du XVII siècle.

PROTECTION ET SÉCURITÉ PUBLIQUE.

Ce genre d'Administration a été créé en Espagne en 1844, et calqué à peu de différence près sur les réglemens de police de nos voisins d'outre-Pyrénées.

Il doit y avoir selon la loi, un commissaire central dans chaque parti judiciaire, mais il a été accordé que les iles Baléares, à cause de leur position typographique n'en auraient qu'un, résidant dans chaque capitale, sous la dépendance duquel sont les commissaires de chaque quartier, (*celador de barrio*), lesquels, à leur tour, ont aussi des agens qui remplissent en quelque sorte l'emploi de gendarmes.

POSTE AUX LETTRES.

Le départ du courrier pour l'Espagne et l'étranger est fixé, si le temps le permet, au mercredi de chaque semaine, et l'arrivée tous les dimanches. Le bateau à vapeur le *Mallorquin* est chargé du service de la correspondance. Des navires à voile sont chargés aussi des courriers de Minorque et d'Iviza.

LA *LONJA*.

Ce monument sublime des beaux-arts, témoignage irréfragable des progrès que fit entre les majorquins l'architecture au XV siècle, vivant souvenir de la richesse commerciale de cette ile, fut confié en 1426 au célèbre architecte majorquin Guillermo Sagrera, et commencé sur les lignes que traça Jacques I peu de temps après la conquête de ce pays. Ce monument merveilleux de l'art gothique, bien qu'il ait couté quelques regrets à son auteur, lui valut cependant le titre d'architecte du roi que lui donna Alonso V d'Aragon en le nommant directeur des œuvres de son palais et de la forteresse qu'il fit élever dans Naples connue sous le titre de *Castello nuovo*. Ce ne sont pas là les seuls souvenirs de gloire attachés au nom de Sagrera: le plan de la Cathédrale de Gironne et l'édifice de saint-Jean de Perpignan, suffiront toujours assez pour faire connaître au curieux amateur la grande intelligence que possédait ce fameux artiste. La *Lonja* ou bourse de Palma a constamment mérité les plus grands éloges de la part des voyageurs et des savants de toute sorte, notamment de Jovellanos qui s'est plu, dans sa captivité, à immortaliser par ses écrits tout ce qui faisait depuis long-temps l'orgueil de ce peuple. Nous n'entrerons pas ici dans les minutieux détails d'une description. Le poète avec sa plume, le peintre avec son pinceau s'en sont déjà beaucoup trop bien acquittés pour que j'essaie froidement dans mon récit à en détruire le consciencieux effet. Disons seulement que la forme de l'édifice est quadrangulaire, qu'il semble être soutenu à ses extrémités par quatre tours, qui sont plutôt un objet d'ornement qu'un point d'appui, tant il y a de la légèreté dans leur construction. Aux flancs de chacune d'elles est attaché une statue de saint on ne peut mieux éxécutées. Trois portes communiquent avec l'intérieur qui est une vaste salle dont la voûte repose sur six colonnes en spirale élégamment gracieuses. La porte principale, qui est d'un travail beaucoup plus compliqué que les deux autres, est surmontée d'un ange gothique aux ailes déployées (*). - Cet emblême

(*) Le curieux sera sans doute bien aise de savoir que la plupart de nos monumens ont été fabriqués avec la jolie pierre de *Santañy*, ville doublement célèbre par ses carrières et ses salines.

fut adopté pour sceau d'armes par l'ancien Collège des marchands, ensuite par le Consulat de terre et de mer, et, à présent par la royale *Junta* de commerce qui a remplacé ces deux institutions. – Ce somptueux asile ne protège plus aujourd'hui, comme autrefois, les riches projets du commerçant. Aux vastes affaires qui rapportèrent tant de bénéfice à la patrie ont succédé les divertissemens du Carnaval. Derrière la *lonja* il est une sorte de jardin qui la sépare de l'édifice construit au commencement de ce siècle, dans lequel est le tribunal, la *Junta* de commerce et une école de pilotage.

LA TOUR D'*EN FIGUERA*.

Cette tour rappelle en quelque sorte le beffroi des villes féodales de France et d'Allemagne. Elle renferme une cloche de taille appelée *Figuera*, du nom de son auteur, qui servait anciennement à rassembler les membres au grand et général Conseil; à dépister les *bandoleros*; à rassurer les habitans sur les différens partis qui divisaient alors la ville; à donner le signal d'alarme lorsqu'un incendie éclatait, et, à sonner, trois heures après le coucher du soleil, le couvre-feu, –*la queda*.– Les circonstances depuis lors ont grandement varié, mais la cloche d'*en figuera* n'en persiste pas moins à nous les rappeler. Elle sonne encore. Il existait naguère dans cette tour une antique et singulière horloge qui ne signalait que les heures du lever et du coucher du soleil, et *vice versa*, laquelle a été remplacée, en dépit du bon sens et de son originalité, par celle que l'on entend aujourd'hui.

THÉATRE PRINCIPAL.

Entre les propriétés appartenant, dans cette ville l'Hôpital général, le théâtre est de ce nombre. [C]et édifice est de moderne construction, et l'inté[r]ieur quoique peu spacieux est assez bien distribué. [C]'est là, que se donnent alternativement, d'année [e]n année les représentations du répertoire dramati[q]ue espagnol et étranger, et les représentations de [l]a troupe lyrique italienne. Qoique Palma ait pos[s]édé différents théâtres, tant publics que particu[li]ers, car le goût de la déclamation est assez en [v]ogue dans cette capitale, elle ne compte pour le [m]oment que cette première scène, qui est le ren[d]ez-vous obligé du monde élégant.

PLACE DE *TOROS*.

C'est ainsi qu'est désigné un édifice en forme de [r]otonde situé au bas du bastion de *Jesus*, spécia[l]ement destiné, non comme dans presque toutes les [v]illes d'Espagne à sacrifier à la férocité d'un ou de [p]lusieurs taureaux, la vie de quelques individus, [m]ais à faire courir une meute de chiens dogue der[r]ière un ou plusieurs candides taureaux, qui finis[s]ent à la longue les uns et les autres par tomber de [l]assitude, sans que le combat ait été trop sanglant. [C]e gracieux spectacle se renouvelle tous les diman[c]hes, si le temps le permet, aux grands trépignemens [d]e toute une population enthousiaste de ces sortes [d]e jeux. Le célèbre *Montes* ne pourrait rien là pour sa réputation. Ce local est aussi réservé pour le exercices équestres et pour les artistes acrobate quand il y en a. Les revenus de la *plaza de Toro* sont perçus par la *junta* protectrice de la prison laquelle les applique, s'il y a lieu, aux besoins de malheureux qui gémissent sous un semblable toit Il est aussi, un endroit destiné pour les combat de coqs.

IMPRIMERIES ET LIBRAIRIES.

Long-temps avant que plusieurs villes d'Espagne connussent la merveilleuse invention de l'imprimerie, Majorque pouvait s'énorgueillir de posséder presque depuis le moment même de la découverte de cet art une presse à *Miramar* (*) de *Valldemusa*

(*) Cet endroit était avant la conquête une maison de campagne que possédèrent ensuite les rois chrétiens de Majorque. Au XIII siècle il y fut fondé par Jacques II, à instances de Raimundo Lulio un Collège de langues orientales sous le titre de la Sainte-Trinité. Aboli cet enseignement du vivant même de son fondateur, Miramar passa au pouvoir des Bernardins, puis des Jérômistes de Catalogne, des Chartreux et en dernier lieu de quelques éclésiastiques qui furent bientôt remplacés par des hermites qui y vécurent jusque vers le milieu du XVI siècle. Étant ensuite devenu propriété particulière ce monument, témoin irrécusable des gloires littéraires de Majorque, fut entièrement négligé au point que la ruine du temple gothique fut inévitable. On ne conserve plus aujourd'hui qu'une chapelle où sont renfermés quelques tableaux peints sur bois entre lesquels est le Jugement dernier qui a mérité l'approbation de tous les connaisseurs.

Les livres imprimés dans cet établissement remontent à l'année 1485. Cette intéressante et utile invention ne pénétra dans Palma qu'au siècle suivant, c'est à dire peu de temps après la fin des guerres civiles de 1523. Selon toute apparence et d'après le témoignage de quelques rares éditions, le premier imprimeur de cette capitale fut un nommé Fernando Cansoles, auquel succéda un nommé Guasp. Et depuis cette époque nous avons vu, successivement figurer ce nom sur tous les catalogues de nos imprimeurs.

D. Felipe Guasp, est le propriétaire de l'imprimerie nationale et de l'excellente librairie situées dans la rue d'*en Morey*. Ces deux établissemens ont une préférence marquée sur tous les autres de ce genre. Entre les ouvrages qui s'y publient, les journaux le *Diario Constitucional de Palma* suite du *Diario Balear* paru en 1814, l'*Almacen de frutos literarios*, et le *Boletin oficial*, sont de ce nombre. Il est aussi des abonnemens à la lecture et des souscriptions de toute sorte.

D. Buenaventura Villalonga, possède, après M. Guasp la plus ancienne imprimerie, formée en partie de celle qui appartint jusque vers la fin du siècle dernier au couvent des dominicains. Elle est établie à la place de *Cort*, (*) et il s'y est autrefois publié le *Diario de Mallorca*.

D. Pedro José Gelabert, libraire possède aussi une excellente imprimerie, établie en 1839. Elle renfer-

---

(*) Il est à remarquer que tous ces imprimeurs-libraires, dont les établissemens sont situés à la place de *Cort* sont aussi relieurs, et qu'il est chez eux des souscriptions et des abonnemens de tout genre.

me la première presse de fer qu'eut Majorque. Entre les ouvrages qui s'y publient est le journal *El Genio de la Libertad.*

D. Esteban Trias, libraire-imprimeur.

D. Pedro José Umbert, libraire, possède une assez régulière imprimerie.

D. Pedro José Garcia, possède une librairie assez élégante et bien assortie.

Los hermanos Rullan, sont aussi propriétaires d'une assez convenable librairie. Ils publient le journal *La Estrella Balear.*

LITHOGRAPHIE.

Cet art ne fut connu à Majorque qu'en 1836, et c'est à D. Gabriel Reynés peintre majorquin qu'on dut l'introduction de la première presse lithographique. Cette nouveauté ne rapporta point cependant de grands avantages à l'innovateur. Mais en 1839 à l arrivée de Paris de notre compatriote D. Francisco Montaner, professeur de peinture, Palma put admirer bientôt un autre établissement de ce genre; et depuis cette époque, les ouvrages qui en sont sortis ont valu constamment au jeune artiste lithographe les éloges de tous les connaisseurs.

BAINS PUBLICS. (*)

Palma, à vrai dire, pourrait fort bien se passer de ces établissemens, car presque les trois-quarts

(*) Nous ne passerons pas sous silence les eaux thermales de saint-Jean de la *font santa* des environs de la ville

de sa population, y compris le beau sexe, vont se rafraichir dans l'immense baignoire que la main de la Providence sut préparer. Cependant il est plusieurs maisons de bains agréablement disposées et renfermant toutes les commodités qu'exigent ces sortes d'établissemens, notamment celles situées dans la rue *san Martin*, dans la rue de *los Huertos*, et dans la rue de *las Pusas*.

HOTELS.

Le premier soin du voyageur, en mettant pied à terre sur un sol étranger, est de courir en quête d'un asile qui puisse lui offrir tous les avantages nécessaires à ses besoins. Sans doute sera-t-il

---

de *Campo* et éloignées de sept lieues au plus de cette capitale. La vertu efficace de ces eaux pour les maladies cutanées fut hautement appréciée par les Romains, et en diverses époques elles ont acquis quelque célébrité par les miracles qu'elles ont opéré. Nous ne doutons plus aujourd'hui, grace au zèle bienfaisant du Conseil provincial qui s'est chargé d'y faire construire un édifice, commode sous tous les rapports, et dont la solennelle inauguration eut lieu le 1 de mai 1845, que ces bains, à l'exemple de bien d'autres du même genre que possèdent nos voisins du continent, ne deviennent bientôt le rendez-vous du bon-ton. Nous nous abstiendrons de faire ici l'analyse de ces eaux dont le mérite a été déjà propagé par les savans écrits des S. S. Samaniego, Vargas, Ponce, D. J. M. Bover et D. A. Furió; seulement nous les recommandons intimement à nos compatriotes, et particulièrement aux voyageurs.

loin de rencontrer dans les hôtels de Palma cett recherche de meubles, cette élégance d'appartemen: cette somptuosité de tables d'hôtes qui distinguen la plupart de ces pied-à-terre établis dans les prin cipales villes de la Péninsule et de France; mais a moins n'aura-t-il pas à regretter le confortabl car sous ce rapport les *fondas del Vapor*, de *la Paz* de *las tres Palomas*, del *Caballo blanco*, et autres pourront le satisfaire, sans un trop grand prix, assez convenablement.-Il est aussi pour les amateur de réunions bruyantes quelques cafés excellents.

CONSULATS

DES PUISSANCES ÉTRANGERES.

Pour une plus parfaite intelligence du voyageur, nous allons donner la liste des consulats, dont nous avons connaissance, établis dans Palma.

Consulat de France.
Vice-consulat d'Angleterre.
Vice-consulat de Suède.
Vice-consulat de Sardaigne.
Vice-consulat des deux Siciles.
Agence consulaire d'Autriche, sous la protection de laquelle sont les Duchés de Parme et de Modène, comme aussi tous les états d'Allemagne qui n'ont pas de vice-consul dans cette ile.
Vice-consulat de Belgique.
Vice-consulat de Portugal.
Vice-consulat du Brésil.

PLACES PRINCIPALES.

Nous allons terminer notre Cicerone par une lé-
ère notice des places qui conservent parmi nous
n souvenir.

PLACE DE *CORT*.

Le nom de cette place dérive des réunions ou
ortes qu'y célébraient en ce lieu tous les seigneurs
le l'ile revêtus de certaine juridiction. L'Hôtel de
ille y est situé, aussi cette place a-t-elle été, et,
st encore de préférence le théâtre des principales
êtes civiques. Elle était fermée, anciennement à ses
xtrémités, aux jours des assemblées du grand et
énéral conseil du royaume, par de longues et épais-
es chaines de fer. Aujourd'hui, cet endroit, presque
ntouré de magasins de toute sorte, sert de bourse
ux négocians de la ville et de rendez-vous à tout
tranger.

PLACE NEUVE OU DE SAINTE-EULALIE.

C'était anciennement le cimetière de la paroisse
lont on voit la principale façade. Vers le XVI siè-
le, il fut transformé en marché, et depuis cette
poque il s'y vend des denrées de tout genre. D'un
ôté est l'*alhondiga*, ou poids public des amandes, et
le l'autre une partie de la suite de l'Hôtel de ville

commencée en 1703. La variation de gouvernement suspendit en 1717 la marche de cette œuvre qui, n'eut plus, dès-lors, de suite, et en dépit des réclamations et du bon goût de ce travail, et sur l'appui de sottes et chimériques excuses, en 18[illegible] nous avons été témoins de la dégradation de la majeure partie de ce monument.

PLACE DU *MERCADAL*.

Ce fut là, le premier emplacement destiné pour la vente des comestibles. Non loin de ce lieu est le poids du charbon, la *caarteru*, ou grenier à blé et plus bas l'endroit où étaient situés les poids de la farine, du fromage et de la laine.

PLACE DE S.-ANTOINE.

Cette place, qui fut une *heureuse* découverte pour le crayon de M. Laurens, porte le même nom de la porte dont l'entrée est continuellement assiégée par les voyageurs de l'intérieur de l'île. Ce lieu presque entouré d'une galerie soutenue par de piliers informes, est principalement destiné pour la construction des charrois et pour la fabrication d'instrumens aratoires.

PLACE DE LA POISSONNERIE.

Cet endroit était occupé par un grand et sévère édifice, bâti dans le courant du XVII siècle et démoli en 1812, et qu'habitèrent jusqu'à cette époque les inquisiteurs et le tribunal de l'inquisition, d'exécrable mémoire. C'est en 1835 que cet emplacement fut transformé en halle aux poissons. Dans un cul de sac, non loin de cette place, on conserve encore, intactes, la maison et la chambre où naquit Raimundo Lulio.

PLACE DU MARCHÉ

Quoique cette place ait été transformée à présent en une suite de la promenade, il s'y tient cependant tous les samedis une sorte de foire. Anciennement la *riera* la traversait. Il existe encore en témoignage de cette assertion une preuve que tout majorquin révère avec enthousiasme et qui se rattache intimement à la vie de la sainte-héroïne de *Valldemusa*, à *Catalina Tomas.* Le lit où coulait ce ruisseau était bordé par des rochers, sur un fragment de ces rochers *Catalina* s'assit tristement un jour. Il était donc du devoir des admirateurs de cette intéressante jeune fille de conserver un semblable monument Aussi se trouve-t-il placé avec une inscription derrière l'église de S.-Nicolas.-La place du marché a servi longtemps aussi de théâtre aux exécutions publiques.

LE *BORNE.*

Un tout petit espace, ou pour mieux dire deux rangées d'arbres, séparent cette place de celle dont nous venons de parler. Vers la fin du XVI siècle la *riera* la traversait aussi, mais en ayant ensuite détourné le cours son lit fut comblé et le terrain transformé en place d'armes où la noblesse majorquine accourait célébrer les grandes solennités civiques par des courses à la lance et des tournois. L'inquisition y célébra aussi sur cet emplacement de terribles autodafe. En 1833 il fut érigé sur ce lieu une fontaine dédiée à la *Princesa,* aujourd'hui notre reine, et une assez mignonne promenade, rendez-vous ordinaire du bon ton et de l'élégance, appelée *salon*. Cette promenade qui traverse en quelque sorte la ville, prend naissance à la porte du *môle* et finit à celle de *Jesus*. A un de ses côtés, est la demeure de l'Intendant, et les bureaux de l'administration des rentes et des salines. An fronton de cet édifice est placée une pierre de marbre blanc, dont la destinée a varié selon les systèmes de gouvernemens. En premier lieu il y fut gravé: *Place de Ferdinand* VII, ensuite *Place de la liberté régnant Isabelle II, Place de la Constitution* etc... Non loin de là est aussi l'Administration du tabac et les bureaux de la Trésorerie.

PLACE *ATARAZANA.*

Cet endroit servait anciennement de chantier et rappelle incessamment les nombreusses constructions de galères et de navires qui, vers la fin du XV siècle augmentèrent avec tant d'intérêt la richesse commerciale de Majorque. Au centre de cette place il est une fontaine d'assez bon goût, surmontée d'une élégante et correcte statue, travaillée, *non sans quelques douloureux regrets*, par notre excellent artiste D. Jacinto Mateu, et que fit placer en 1843 le

Conseil municipal de cette ville (*) en mémoire du célèbre navigateur Jacques Ferrer, directeur en 1418 de la première école de pilotage établie à Sagres, par Henri de Portugal.

Outre ces places que nous venons de citer il est encore celles de *S. Francois d'Assise*, de *S. Jérôme*, *du Bon Secours*, de *Ste-Magdeleine*, de *la Paix*, de *la Lonja*, et autres qu'il serait trop long d'énumérer.

Nous osons espérer à présent que le voyageur saura par cette légère esquisse reconnaître quelque peu le rang que peut occuper entre les capitales de province, la capitale des Baléares.

FIN.

ERRATAS.

Pag.	lig.	au lieu,	lisez:
18.	2.	*étendar*	étendard
29.	13.	*patronage*	patronnage
30.	2.	*tranformé*	transformé
45.	32.	*Gerge*	George
60.	19.	*ordona*	ordonna
62.	12.	*Françios*	François
89.	14.	*Campo*	Campos

(*) Nous voudrions certainement n'avoir en cette occasion que des louanges à prodiguer à cette respectable assemblée mais elle s'est comportée d'une façon si ingrate envers l'artiste qui a tout fait pour seconder ses louables idées, que les arts et la postérité ne pourront que la juger très-sévèrement.

TABLE.

Préface.
Avant-propos. . . . . *Pag.* 7.
Hôtel de ville. . . . . 17.
Préfecture. . . . . 18.
Palais Royal. . . . . 19.
Palais épiscopal. . . . . 20.
Diocèse de Majorque. . . . . 20.
La Cathédrale. . . . . 21.
Paroisses. . . . . 24.
Oratoires. . . . . 28.
Couvents. . . . . 33.
Maisons de bienfaisance. . . . . 52.
Enseignement supérieur. . . . . 60.
Académies. . . . . 65.
Bibliothèques. . . . . 68.
Musées. . . . . 73.
Casinos. . . . . 77.
Tribunaux. . . . . 78.
Protection et sécurité publique. . . . . . . 81.
Poste aux lettres. . . . . 82.
La *Lonja*. . . . . 82.
La tour d'*en Figuera*. . . . . 84.
Théâtre principal. . . . . 85.
Place de *Toros*. . . . . 85.
Imprimeries et librairies. . . . . 86.
Lithographie. . . . . 88.
Bains publics. . . . . 88.
Hôtels. 89.
Consulats des puissances étrangères. . . . 90.
Places principales. . . . . 91.

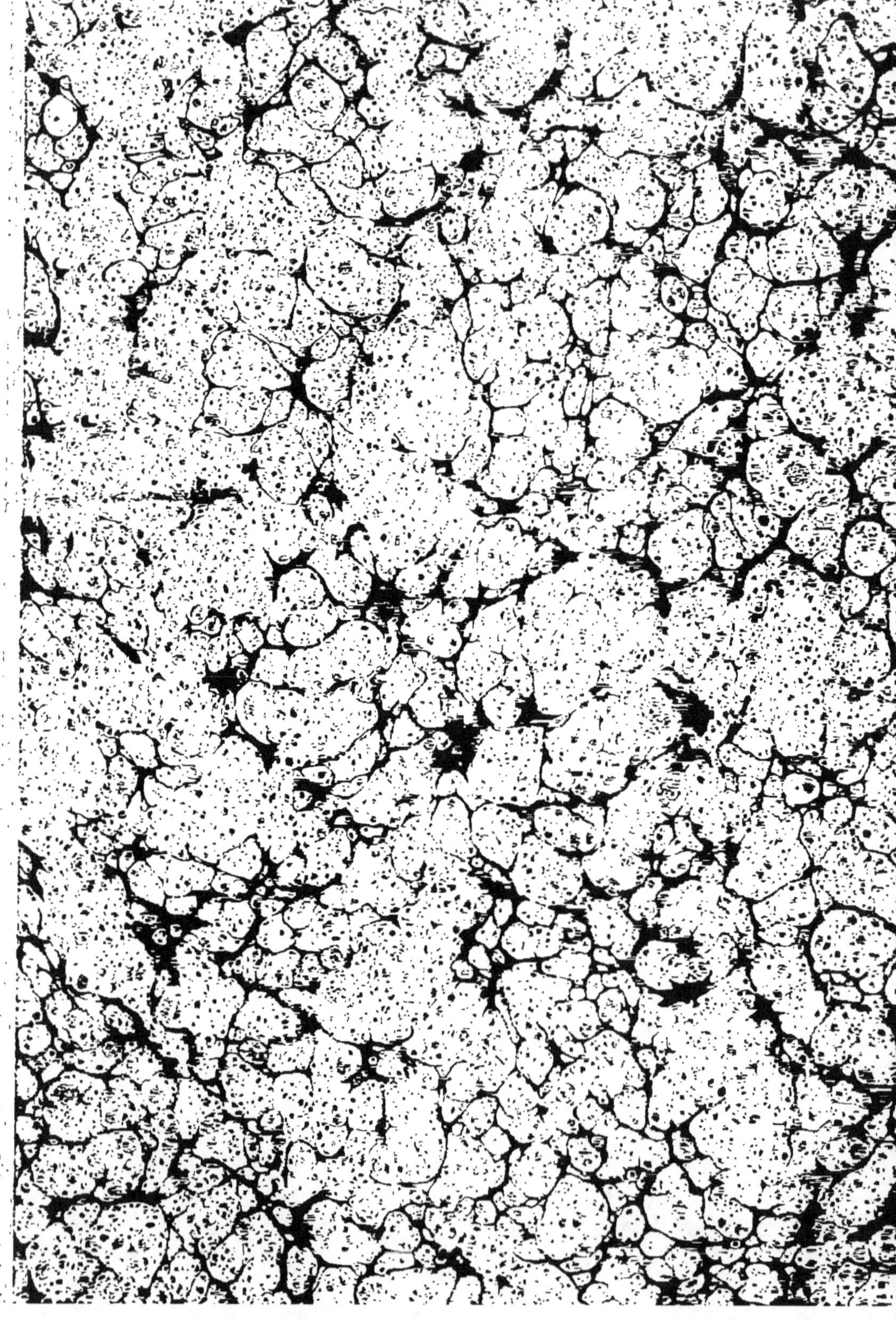

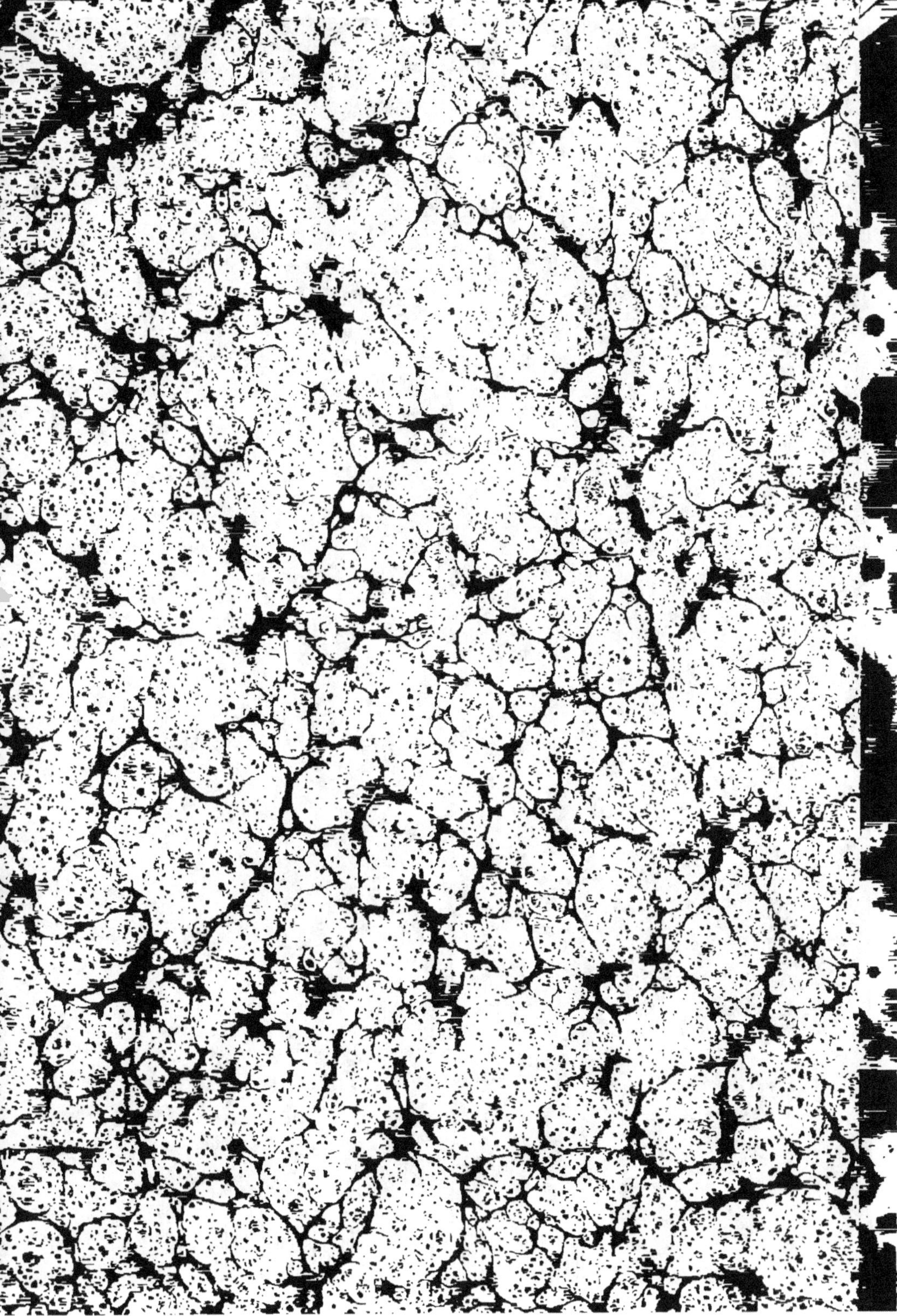

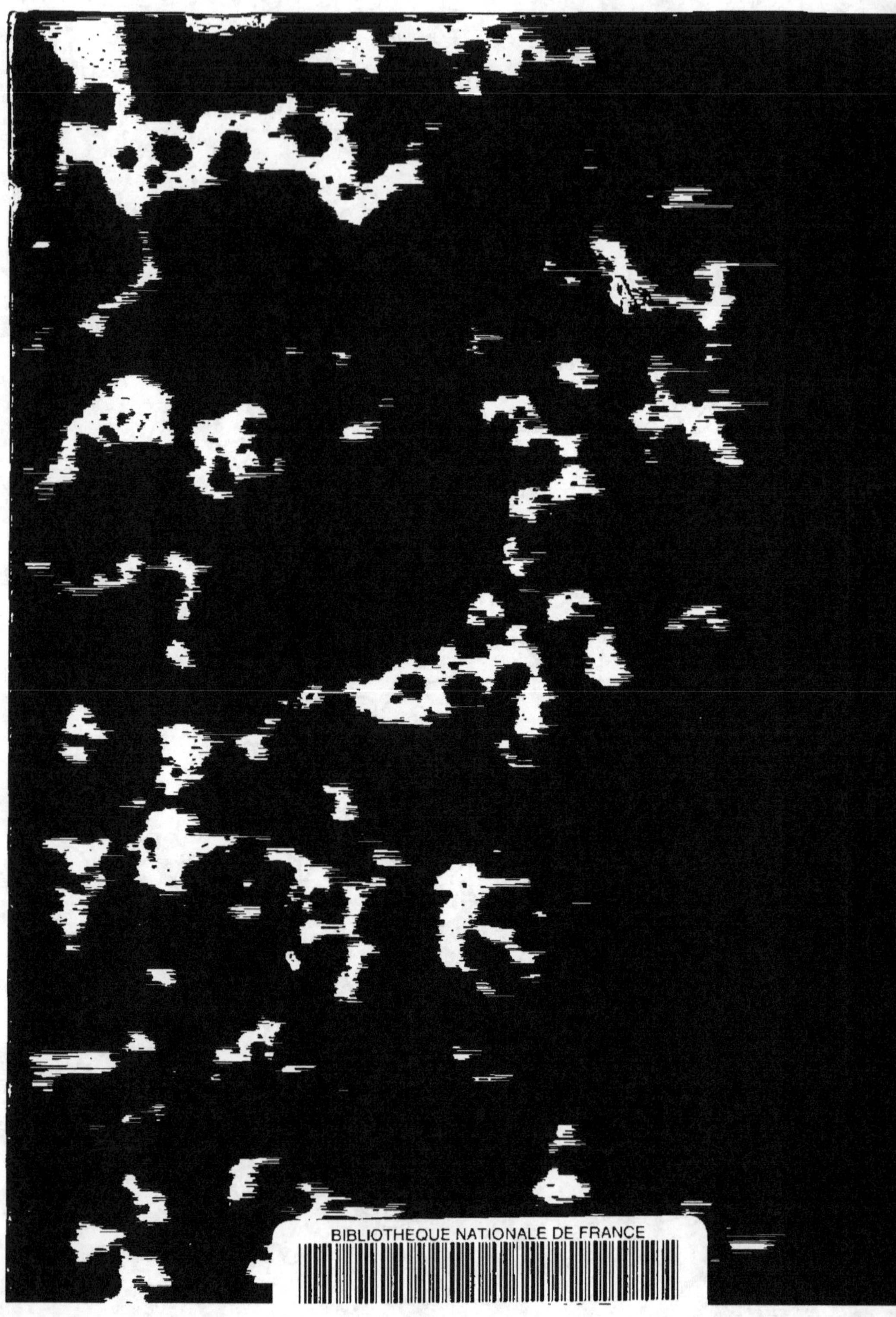
BIBLIOTHEQUE NATIONALE DE FRANCE

www.ingramcontent.com/pod-product-compliance
Lightning Source LLC
LaVergne TN
LVHW020342230826
846091LV00003B/963

* 9 7 8 2 0 1 2 8 6 6 2 5 6 *